FBI-Agent Dale B. Cooper

Mein Leben, meine Aufzeichnungen

▲ TWIN PEAKS ▲

FBI-Agent Dale B. Cooper
Mein Leben, meine Aufzeichnungen

Aufgeschrieben von
Scott Frost

Aus dem Amerikanischen
von Stefan Weidle

vgs

Erstveröffentlichung bei:
Pocket Books/Simon & Schuster, Inc. New York 1991

Titel der amerikanischen Originalausgabe:
The Autobiography of FBI Special Agent Dale Cooper
Erschienen 1991 in der Bundesrepublik Deutschland:
vgs verlagsgesellschaft, Köln

Das Buch basiert auf der Fernsehserie TWIN PEAKS, die von
David Lynch und Mark Frost produziert wurde.
Namen, Personen, Orte und Handlungen sind frei erfunden.
Jede Ähnlichkeit mit tatsächlichen Begebenheiten, Orten, lebenden oder
verstorbenen Personen ist rein zufällig.
Coverfoto mit freundlicher Genehmigung der Twin Peaks Productions, Inc.

Die Deutsche Bibliothek – CIP-Einheitsaufnahme

Frost, Scott:
FBI-Agent Dale B. Cooper, mein Leben, meine
Aufzeichnungen/aufgeschrieben von Scott Frost. Aus dem
Amerikan. von Stefan Weidle. – Köln: vgs, 1991
(Twin Peaks)
Einheitssacht.: The autobiography of FBI special agent Dale Cooper
< dt.>
ISBN 3-8025-2217-6

2. Auflage 1991

Umschlaggestaltung: Fred Papen, Köln
Satz: ICS Communikations-Service GmbH, Bergisch Gladbach
Druck: Clausen & Bosse, Leck
Printed in Germany
ISBN 3-8025-2217-6

1. TEIL

1. KAPITEL

»Ich glaube, Dale bekam sein erstes Tonbandgerät Weihnachten 1967. Wir waren beide dreizehn. Mein Dad hatte mir ein Modellflugzeug mit Motor geschenkt, das man an einer Leine fliegen lassen konnte. Ich stand mitten auf der Straße und probierte gerade meinen ersten Looping, als Dale aus seinem Haus kam. Er hatte seinen Pfadfinder-Rucksack umgeschnallt, mit dem großen Tonbandgerät drin, und hielt ein Mikrofon in der Hand. Es war eins dieser Spulengeräte, und er zog das hellgelbe Verlängerungskabel hinter sich her, das im Haus eingesteckt war. Er kam auf mich zu und fragte, ob ich, bei meiner Erfahrung in der Luftfahrt, glaubte, daß wir innerhalb des nächsten Jahres Menschen auf den Mond bringen würden. Genau in diesem Moment versagte der Motor meines Flugzeugs, und es krachte gegen ein Verkehrsschild. Dale nahm das alles auf sein Band auf.«

Lewis Nordine,
Jugendfreund,
ehemaliger Angehöriger
der US Air Force

25. Dezember 1967

Eins zwei, eins zwei . . .

Hier ist Dale Cooper, dreizehn, wohnhaft 1127 Hillcrest Avenue, Philadelphia, Pennsylvania. Es ist ein grünes Haus mit gelben Markisen aus Aluminium, die Dad gekauft hat, damit der Bezug des Sofas nicht ausbleicht. Ich bin zur Zeit 1,60 Meter groß, habe dunkles Haar und kann 1,37 Meter hochspringen. Erwarte jeden Moment einen Wachstumsschub, der mich auf meine Idealgröße von 1,80 Meter bringt.

Ich habe keine Schwester, nur einen älteren Bruder namens Emmet, der aufs College geht.

Mein Zimmer ist drei mal 3,60 Meter groß und hat zwei Fenster. Ich habe einen Schreibtisch, ein Bett, einen Kleiderschrank und einen Teppich, den meine Mutter selbst geknüpft hat, auf dem ein Hirsch zu sehen ist. Nur Menschen, die das Codewort kennen, können in mein Zimmer. Das Wort wechselt jede Woche. Diese Woche heißt es *Dark Passage.* Über meinem Bett an der Wand hängt mein wichtigster persönlicher Besitz, ein Poster von James Stewart in dem Film »The FBI Story«, das nur ich anfassen darf. Ich spreche auf ein Norelco B2000 Tonbandgerät, das ich zu Weihnachten bekommen habe. Ich habe Dad eine Flasche Old Spice geschenkt und ein Paar Überschuhe und Mom ein beschichtetes Pfannenmesser.

Ich bin in der siebten Klasse der Germantown Friends School, die von Quäkern geleitet wird. Dad sagt, wir sind keine Quäker, aber wenn wir in einer Kirche wären, dann kämen für ihn nur die Unitarier und die Quäker in Frage, wegen ihrer Art zu denken. Dad bezeichnet sich selbst als Freidenker. Gestern nacht ließ er uns um die Kiefer im Vorgarten herumgehen, mit Kerzen in der Hand, weil er glaubt, daß die Kirchen Weihnachten gestohlen haben. Mom nennt ihn träge vor Gott, weil er als Junge eine schlimme Erfahrung in der Kirche gemacht hat.

Dad ist der Besitzer von Cooper's Offset-Druckerei in der Germantown Road. Über dem Eingang hängt ein Bild von Benjamin Franklin, der ein Idol von Dad ist. Als sie mir das Tonbandgerät gestern gaben, drückte mir Dad das Mikrofon in die Hand und sagte in ganz ernstem Ton zu mir, daß das die Zukunft ist. Er und seine ganze Welt wäre ein Dinosaurier dagegen. Ich fragte Mom, was er damit meinen würde, und sie sagte, das käme von dem Piña Colada. Dann las Dad eine Seite aus *Früchte des Zorns* vor, und Weihnachten war vorbei.

Das Gerät wird langsam heiß. Ich mache besser Schluß.

25. Dezember, 14 Uhr

Dad hat mich gerade mit der Verlängerungsschnur aus dem Keller an der Steckdose beim Aquarium angeschlossen, und ich mache jetzt meinen ersten Ausflug mit dem Tonband im Rucksack nach draußen. Mom öffnet jetzt die Tür, ich trete über die Schwelle und bin nun auf der Veranda . . . Du kannst die Tür jetzt zumachen . . . Die Tür ist zu, ich bin allein. Nur ich, das Tonband und die Verlängerungsschnur, die ich als den Lebensfaden bezeichnen möchte. Ein Schritt zuviel, und ich verliere alle Energie.

Von hier aus kann ich fast die ganze Straße überblicken. Das Haus der Nordines, das der Schlurmans. Ich verlasse jetzt die Veranda. Auf der Straße läßt Lewis Nordine ein Modellflugzeug an einer Leine fliegen. Von ihm unbemerkt schießt sein älterer Bruder aus dem Dachfenster mit einem Luftgewehr auf das Flugzeug. Ich werde versuchen, bis zu Lewis zu kommen, um ihn zu warnen, bevor sein Bruder . . . Oh, oh, ich glaube, er hat den Lebensfaden gesehen. Ich versuche, zur Veranda zurückzukommen. Ich glaube, das Geräusch eben stammte von Lewis' Flugzeug, das gegen das Straßenschild knallte. Eine Luftgewehrkugel hat gerade unseren Briefkasten getroffen, ich bin fast auf der Veranda . . . Dad!

25. Dezember, 21 Uhr

Glaube, die Verlängerungsschnur hat einige schwere Nachteile. Zum einen kann ich nicht weiter als 25 Meter vom Haus weg, was meine Untersuchungen ziemlich erschwert. Zum anderen ist sie auffällig, was gefährlich werden kann. Ich glaube, ein Akku wäre die Lösung, oder Batterien, deshalb gehe ich morgen zu Simms' Eisenwarenladen. Dad sagt, Worte sind Werkzeuge, und Werkzeug muß man immer in Ordnung halten, sonst kann man nicht mal einen Nagel gerade einschlagen. Dad sagt vieles, was ich nicht verstehe.

Weihnachten ist vorbei. Meine Geschenke dieses Jahr waren: Unterwäsche, Socken, eine Cordhose, ein Insektenbestimmungsbuch, fünf Dollar von meiner Großmutter und ein Norelco B2000 Tonbandgerät, das kein Spielzeug ist. Und damit verabschiedet sich Dale Cooper.

26. Dezember, 15 Uhr

Gerade zurück von Simms' Eisenwarenladen mit einem Satz Batterien. Laut Mr. Simms, der Amateurfunker ist und nachts mit Deutschland spricht, weil er dort im Krieg war und einen Fuß verloren hat, hält jede Batterie drei Stunden lang. Ich habe drei Stück gekauft, mit dem Geld von Großmutter. Sie denkt, ich spare es fürs College.

Bei meiner Rückkehr von Simms' stellte ich folgendes fest: Lewis' Vater hat Löcher von Luftgewehrkugeln in den Flügeln des kaputten Flugzeugs gefunden und dem Bruder Hausarrest verpaßt. Bradley Schlurman hat ein neues Fahrrad bekommen, ein goldenes Geländefahrrad mit geripptem Rennsattel und Stollen auf dem Hinterreifen. Und seine Schwester hat neue Schuhe, mit denen sie angeblich besser tanzen soll.

26. Dezember, 22 Uhr

Habe den ganzen Abend intensiv darüber nachgedacht, daß ich einen Plan für mein Leben machen muß, wo ich jetzt das Tonband habe. Mir fällt nur keiner ein.

27. Dezember, 3 Uhr

Mom ist gerade aus meinem Zimmer gegangen, weil ich einen Asthmaanfall hatte. Wenn ich keine Luft bekomme, liege ich manchmal einfach nur da und denke, daß ich tot bin und zerfließe, während sie meine Brust mit Wick VapoRub einreibt. Vielleicht kann ich morgen nicht rausgehen, wenn es kalt ist, wegen meinen Lungen.

Mom hat mir noch einen ihrer Träume erzählt, den sie

manchmal hat. Sie sagte, sie war allein auf einem Feld, als Tausende von Vögeln den Himmel füllten und alles Licht verdeckten. In diesem Moment wacht sie immer auf. Mom glaubt, wir können in unseren Träumen Dinge sehen, die wir nicht sehen, wenn wir wach sind. Ich fragte sie, was dieser Traum wohl bedeutet, aber sie lächelte nur und sagte, das bedeutet gar nichts . . . Ich bin froh, daß ich das Tonband habe und jemand, mit dem ich immer reden kann.

Ich habe noch nie einen Toten gesehen. Ich glaube, ich würde es gern, aber nicht gerade jetzt, denn ich will nur die Augen zumachen und nicht mehr daran denken, tot zu sein.

1. Januar 1968, 10 Uhr

Bradley Schlurmans Geländefahrrad ist gestern von Mitgliedern der Bande aus der 24. Straße geklaut worden. Zwei Umstände weisen auf sie als Täter hin. Erstens sah Bradley sie, als sie ihn von seinem Rad rissen. Zweitens behaupten sie, das Rad würde jetzt der Bande aus der 24. Straße gehören. Die Polizei wurde eingeschaltet, aber bisher haben sie nichts rausbekommen. Ich habe beschlossen, den Fall selbst zu übernehmen, mit Hilfe meines Tonbands. Wenn ich ihnen folgen kann und einer etwas über das Rad aufs Band spricht, kann ich den Fall vielleicht lösen. Ich habe Bradley nichts gesagt, denn er hat sich in seinem Zimmer eingeschlossen und will nicht rauskommen.

1. Januar, 13 Uhr

Habe meine verdeckte Ermittlung begonnen. Zwei Verdächtige sind in diesem Moment in Sicht. Beide sind weiß und sehr groß. Einer fährt ein Rennrad, sicher auch geklaut. Der andere ist zu Fuß. Ich versuche, ihnen dicht genug zu folgen, um ihre Geständnisse auf Band zu bekommen. Falls notwendig, bringe ich sie dazu, über das Rad zu reden, indem ich so tue, als wollte ich in ihre Bande eintreten. Ich habe das

Tonband getarnt, indem ich es in meinen Rucksack gesteckt und mit Kartoffeln bedeckt habe. Das Mikrofon wird in einem Handschuh verborgen sein, der aus meiner Tasche schaut. Ich gehe los.

DIE FOLGENDEN DREI MINUTEN SIND UNVERSTÄNDLICH.

3. Januar, 20 Uhr

Die Bande aus der 24. Straße hat mein Tonbandgerät gestohlen. Mein Plan funktionierte, wie ich gehofft hatte. Ich folgte den Verdächtigen einen Block weit, konnte aber kein Geständnis auf Band bekommen. Ich versuchte dann, den Gangstern weiszumachen, daß ich der Bande beitreten wollte. In diesem Moment bemerkten sie die Kartoffeln in meinem Rucksack und nahmen sie sich. Als sie mein Tonbandgerät sahen, schnappten sie sich das und warfen mit den Kartoffeln nach mir, während ich in Deckung ging. Zwei Tage lang war das Gerät in den Händen der Bande. Heute wurde es von der Polizei aufgefunden, als sie die Kerle festnahm, weil sie ein Auto vor dem Band Box Kino geklaut haben.

Ich habe festgestellt, daß ich besser vorbereitet sein muß, wenn ich noch einmal Verbrecher bekämpfen will. Das Gerät ist unbeschädigt. Dad hat es untersucht und sagt, es ist eins a in Schuß. Und dann hat er gesagt, daß er stolz auf mich ist, weil ich gegen die Bande vorgegangen bin, aber ich sollte künftig eine bessere Tarnung als Kartoffeln verwenden. Ich habe auch herausgefunden, daß man durch einen Handschuh nichts aufnehmen kann. Bradleys Rad ist immer noch nicht aufgetaucht.

10. Januar, 19 Uhr

Habe beschlossen, einen Brief an Efrem Zimbalist* wegen meiner Zukunft zu schreiben. Hoffe, er macht ein paar gute Vorschläge. Das habe ich ihm geschrieben:

> *Sehr geehrter Mr. Zimbalist,*
> *mir gefällt Ihre Fernsehshow sehr gut, und auch »Hawaii Fünf-Null« und »77 Sunset Strip« finde ich ausgezeichnet. Weil ich leicht einen Sonnenbrand bekomme, könnte ich wohl kaum Polizist auf Hawaii werden. Ich möchte gern Geheimagent werden, noch lieber als Privatdetektiv. Ich glaube, das FBI wäre der richtige Platz für mich. Was würden Sie jemandem raten, der sich für eine solche Laufbahn interessiert? Vielen Dank für Ihre Geduld.*
>
> *Dale Cooper*

Ich überlege auch, an Mr. Hoover** zu schreiben, glaube aber, daß er sehr beschäftigt ist, und will ihn deshalb nicht stören, wenn es nicht unbedingt nötig ist.

12. Januar, 7 Uhr

Habe heute morgen bemerkt, daß mein Urin nach dem Spargel riecht, den es gestern zum Abendessen gab. Frage mich, warum das nicht passiert, wenn ich einen Hamburger esse. Mom war heute morgen beim Frühstück sehr still. Ich glaube, sie hat wieder von den Vögeln am Himmel geträumt. Dieser Traum scheint ihr angst zu machen, aber ich weiß nicht, warum.

---

* *Efrem Zimbalist, Jr., amerikanischer Schauspieler, Star von Fernsehserien wie »77 Sunset Strip« und »Hawaii Fünf-Null«. A. d. Ü.*

** *J. Edgar Hoover, 1895–1972, von 1924 bis zu seinem Tod Direktor des FBI. A. d. Ü.*

12. Januar, 13 Uhr

In der Schulbibliothek. Der Direktor hat heute früh erklärt, daß ein Mann in die Schule gekommen ist und sich jetzt im Gemeinschaftsraum aufhält, wo er Zuflucht vor der Einberufung sucht. Ich ging in die Bibliothek und schlug das Wort »Zuflucht« nach: »Stätte, an der man in der Not Hilfe, Rettung, Schutz findet.«

Ich habe den Mann gesehen. Ein Weißer, ungefähr zwanzig und sehr dünn. Er sieht verängstigt aus, hält die Arme an den Körper gepreßt. Während unserer täglichen Gemeinschaftsstunde saßen die älteren Kinder um ihn herum, als ob sie ihn beschützen wollten. Niemand sagte ein Wort, aber eines der älteren Mädchen hielt beinahe die ganze Zeit über seine Hand. Der Direktor stand dann auf und dankte, und alle verließen den Raum außer dem jungen Mann, der nicht hinaus kann. Ich glaube, es wird schlecht für ihn ausgehen. Er bricht das Gesetz, das doch angeblich immer recht hat. Ich verstehe das nicht.

14. Januar, 19.30 Uhr

Bereitete eben die weitere Überwachung der Bande aus der 24. Straße vor, als ich merkwürdige Vorgänge nebenan bei den Schlurmans bemerkte. Bradleys ältere Schwester, Marie, die vierzehn ist, stand am Fenster ihres Zimmers, hatte die rote Perücke ihrer Mutter auf und tanzte ganz seltsam. Ihre Arme und Handgelenke schienen gar nicht zusammenzugehören, und ihre Beine bewegten sich sehr langsam, wie bei einer Eiskunstläuferin im Fernsehen. Mir wurde ganz komisch beim Zusehen, ich weiß nicht warum. Eiskunstlauf hat mir nie gefallen. Ich habe das Gefühl, sie wußte genau, daß ich sie beobachtete. Von Zeit zu Zeit sah sie aus dem Fenster in meine Richtung, griff sich an die Knie und lächelte. Eine erschreckende Erfahrung.

14. Januar, 20.15 Uhr

Bin der Bande aus der 24. Straße bis in eine schmale Sackgasse beim Fairmount Park gefolgt. Dort haben sie eine Mülltonne angezündet und tanzen jetzt drum herum und schlagen dabei Baseballschläger und Stöcke gegeneinander. Frage mich, ob dieser Tanz irgend etwas mit Maries Tanzerei von vorhin zu tun hat. Der Tanz scheint derselbe zu sein, aber irgendwas ist anders, denn meine Hände schwitzen nicht. Vielleicht ist Marie heimlich ein Mitglied der Bande. Das würde die Sache mit dem Fahrrad erklären.

20. Januar, 16 Uhr

Habe meine nachmittäglichen Studien über Spargel und seine Wirkung auf Urin abgeschlossen. Hier das Resultat:

Brokkoli – kein Geruch.
Kartoffeln – kein Geruch, außer bei denen in Duva's Café, die mit scharfem Paprika gewürzt sind.
Rindfleisch – kein Geruch.
Fisch – schwacher Geruch, nur bei Stäbchen.
Huhn – kein Geruch.
Schlußfolgerung: Es ist etwas am Spargel, wenn meine Mutter ihn kocht, was bei keinem anderen Nahrungsmittel festgestellt werden kann.

24. Januar, 17 Uhr

Das FBI kam heute und hat den Mann festgenommen, der sich im Gemeinschaftsraum vor seiner Einberufung verstekken wollte. Es waren zwei Agenten, einer in einem grauen Anzug, der andere in einem blauen. Sie unterhielten sich ein paar Minuten mit dem Direktor und taten dann ihre Pflicht als Spezialagenten. Fast alle Mädchen der Abschlußklasse küßten den Kriegsdienstverweigerer, als er abgeführt wurde. Das machte es ihm bestimmt leichter.

Habe die Überzeugung gewonnen, daß Marie doch kein Bandenmitglied ist. Heute in der Gemeinschaftsstunde bemerkte ich, daß sie mich mehrfach ansah. Ihre Knie sind nicht die eines Gangsters.

30. Januar, 21.30 Uhr

Schulbibliothek. »Testosteron: Hormon der männlichen Keimdrüsen, das die sekundären Geschlechtsmerkmale des Mannes bewirkt.« Das scheint eine höchst ungenügende Erklärung dafür zu sein, was mir gestern abend in meinem Zimmer passiert ist. Ich beobachtete Marie, die nebenan in ihrem Zimmer tanzte. Als sie die Bluse auszog und ihr BH zum Vorschein kam, geschah etwas bei mir in der Leistengegend. Das war sehr interessant. Ich glaube, ich werde künftig der Untersuchung dieser Dinge sehr viel Zeit widmen müssen.

Morgen lege ich mein Versprechen ab, ein Pfadfinder zu werden. Ich frage mich, ob diese Dinge mich vielleicht untauglich dazu machen.

31. Januar, 20 Uhr

Heute, genau um 19.05 Uhr, wurde ich ein Mitglied der Boy Scouts of America und begann sofort mit den Studien für mein erstes Abzeichen. Ich denke, wenn ich hart daran arbeite, kann ich es in zwei Jahren zum Kornett bringen, weit früher als die allermeisten Pfadfinder.

8. Februar, 21.05 Uhr

Maries Mutter brachte heute Maries neuen Bruder aus dem Krankenhaus nach Hause. Ihr Vater ließ alle Kinder der Gegend vor dem Haus anstehen, um einen Blick auf den neuen Nachbarn zu werfen. Als ich an die Reihe kam, flüsterte Marie mir zu, ich sollte ihr auf ihr Zimmer folgen, an dem Bild vom Yellowstone-Park vorbei die Treppe hoch. Ich war vorher noch nie im Zimmer eines Mädchens und bin auch nicht lange geblieben, während Marie mich fragte, was ich übers Stillen wüßte. Ich verstehe nicht, warum sich Marie für mich zu interessieren scheint. Vielleicht nur deshalb, weil sie größer und stärker ist als ich und mich bei einem Ringkampf wahrscheinlich besiegen würde. Sie hat also keine Angst vor mir.

16. Februar, 17.10 Uhr

Tom Johnsons großer Bruder Will ist gestern in Vietnam gefallen. Als der Mann von der Armee zu ihnen nach Hause kam, um es ihnen zu sagen, hörte man Toms Mutter in der ganzen Straße schreien. Der Arzt mußte ihr eine Spritze geben, um sie zu beruhigen. Tom lief aus dem Haus und rannte in den Fairmount Park. Als ich ihn fand, saß er bei der Eiche, wo wir früher Fangen gespielt haben. Seine eine Hand war ganz blutig, weil er ein paar Mal gegen einen Felsbrocken geschlagen hatte, aus Wut auf seinen Bruder, wie er sagte. Dann fing er an zu weinen und rannte weg, schlug dabei mit einem Stock auf Büsche und Bäume, wie wir es früher getan haben, wenn wir Japse totschlugen. Nachdem Tom verschwunden war, hörte ich noch lange seinen Stock gegen etwas schlagen. Vielleicht rede ich morgen auf der Schulversammlung darüber. Vielleicht auch nicht.

24. Februar, 14.30 Uhr

Efrem Zimbalist hat mir aus Hollywood ein Foto mit Autogramm geschickt: »Für Dale. Viel Glück« steht drauf. Es hängt jetzt bei mir an der Wand, neben dem Plakat von »The FBI Story«. Die Kids standen die ganze Straße runter Schlange, um es zu sehen. Ich nahm zehn Cent von jedem und machte ein ziemlich gutes Geschäft, bis Dad sagte, daß Mr. Zimbalist bestimmt sehr enttäuscht wäre, wenn er wüßte, daß ich mit seinem Bild Geld verdiene.

25. Februar, 13 Uhr

Toms Bruder wurde heute vormittag begraben. Zwei Soldaten in weißen Handschuhen falteten die Fahne zu einem kleinen Dreieck zusammen und übergaben sie seiner Mutter. Auch eine Ehrengarde war da, die nach der Übergabe der Fahne Schüsse in die Luft abfeuerte. Ein Mädchen, Toms Freundin, glaube ich, fing an zu schreien und schlug einen der Soldaten ins Gesicht, so daß seine Mütze runterfiel. Der Soldat rührte sich nicht. Er beugte sich nur nach vorn, hob seine Mütze auf und setzte sie sich wieder auf den Kopf. Tom sagte, er hätte seinen Vater gefragt, ob er seinen Bruder noch mal sehen könnte, aber die Armee hat den Sarg versiegelt, damit ihn niemand öffnen kann – wegen dem, was mit ihm passiert ist. Vorgestern hat Tom einen Brief bekommen, den sein Bruder zwei Tage vor seinem Tod abgeschickt hat. Im Umschlag war ein Blatt von irgendeiner Dschungelpflanze, die er gefunden hatte, mit Hunderten von Adern, so daß es aussah wie eine Landkarte. Es war noch immer grün.

2. März, 14 Uhr

Habe heute mein erstes Abzeichen fürs Knotenbinden bekommen. Hätte es ohne die Hilfe von Marie nicht so schnell geschafft. Ich durfte sie zur Übung in ihrem Zimmer fesseln. Als ich mit dem Kreuzknoten fertig war, sagte Marie, jetzt wäre sie dran, und versuchte, mich mit einem einfachen Knoten an den Bettpfosten zu binden. Aber ihr Knoten war ein Altweiberknoten, der aufging, so daß ich mich befreien konnte. Das war eine wichtige Lektion über den Wert eines korrekten Knotens.

8. März, 22 Uhr

Großmutter Cooper hatte heute einen Schlaganfall und starb. Sie war diese Woche bei uns zu Besuch. Mom sagte, sie hätte geträumt, daß etwas Schlimmes passieren würde, und heute morgen, als Großmama einen Kuchen in unserer Küche backte, hatte sie einen Schlaganfall und fiel mit dem Kuchen auf den Boden.

Noch nie hatte ich einen Toten gesehen. Als ich sie fand, lag sie neben der Arbeitsplatte, gerade wie ein Brett. Der Kuchen war umgekippt, und ein paar der Kirschen hatten auf ihrer Backe rote Flecken hinterlassen. Es sah aus, als hätte sie zuviel Make-up aufgelegt. Ihre Augen waren offen, und mit der linken Hand hielt sie ihre Schürze, die mit gelben Blumen bedruckt war.

Mom rief Dad und den Arzt. Dann nahm sie mich an der Hand, und wir schauten die Leiche einige Augenblicke lang gemeinsam an. Sie ließ mich die Hand auf Großmamas Stirn legen, weil ich lernen sollte, daß man sich vor dem Tod nicht fürchten muß. Ich hatte keine Angst. Ich fand, sie fühlte sich an wie eine alte Ledertasche.

Der Arzt kam, breitete ein nagelneues Leintuch über sie und nahm sie mit. Er sagte, sie wäre schnell gestorben und hätte keine Schmerzen gehabt.

In einem wissenschaftlichen Buch habe ich gelesen, daß allein Elektrizität uns am Leben hält. Ich verstehe nicht, woher sie stammt und wohin sie geht, wenn wir tot sind. Dad sagte, das wäre die Frage aller Fragen, und er wüßte keine Antwort darauf. Ich weiß auch keine.

20. März, 1.30 Uhr

Mr. Botnick von gegenüber kam gerade nackt aus seinem Haus, rannte die Straße runter und schrie, daß sie überall auf ihm herumklettern. Ich weiß nicht, wer *sie* sind. Und habe Mr. Botnick nicht mehr gesehen, seit er vor zehn Minuten um die Ecke bog.

30. März, 19 Uhr

Habe gerade »Der Hund von Baskerville« ausgelesen und denke, Sherlock Holmes ist der klügste Detektiv, der je gelebt hat. Ich würde sehr gern so ein Leben führen wie er. Die Friends School glaubt, daß es wichtiger ist, im Leben Gutes zu tun als ein gutes Leben zu führen. Ich glaube, Mr. Holmes ist ein Vorbild in dieser Hinsicht.

2. April, 8 Uhr

Es ist die Aufgabe jedes Detektivs, Rätsel zu lösen. Habe mich deshalb entschlossen, meinen ersten Fall zu übernehmen. Um 8.30 Uhr geht jedes Mädchen der achten Klasse zur Gesundheitserziehung in Raum elf. Was hinter dieser Tür vor sich geht, ist ein strenges Geheimnis, das alle Mädchen geschworen haben, für sich zu behalten. Ich beabsichtige nun, das Rätsel zu knacken, indem ich in den Lüftungsschacht über dem Klassenzimmer kricche und den Unterricht auf mein Tonband aufnehme. Ich habe niemandem von meinem Plan erzählt, außer Bradley, der meinte, das wäre das Tollste, was man machen kann. Wenn ich erwischt werde, sind meine Aussichten, die achte Klasse einigermaßen ordentlich hinter mich zu bringen, äußerst gering. Aber jetzt gibt es kein Zurück mehr.

2. April, 8.25 Uhr

Bin aus der Abstellkammer des Hausmeisters in den Luftschacht geklettert und bewege mich gerade über Mr. Barstows Geschichtsstunde hinweg. Glaube nicht, daß die Luftschächte jemals geputzt worden sind, seit die Schule steht. Außerdem sind sie ganz offensichtlich nicht dafür geplant, daß ein Tonbandgerät in einem Rucksack leicht durch sie hindurchpaßt. Werde mir eine Erklärung für meinen Aufzug einfallen lassen müssen, wenn ich meine Mission beendet habe.

2. April, 8.30 Uhr

(Flüsternd:) Unter mir bietet sich ein Anblick, den nur wenige lebende Achtkläßler je zu Gesicht bekommen haben. Mrs. Winslow steht vor der Klasse, neben der Tafel. An der Wand hängt ein lebensgroßes Bild einer nackten Frau, bei der man alle Innereien sieht. Auf dem Pult steht ein Modell von etwas, das ich für eine Brust halte, aus durchsichtigem Plastik. Es scheint größer zu sein, als ich mir eine Brust vorgestellt habe, und es ist durchzogen von einem Netz von Kanälen. Ich nehme an, darin fließt die Milch. Mrs. Winslow hat jetzt ihren Zeigestock genommen. Das ist ein großer Augenblick.

DIE FOLGENDEN ZWANZIG MINUTEN DES BANDES WURDEN 1968 GELÖSCHT.

3. April, 17.30 Uhr

Ich glaube, ich habe mich gestern verdächtig gemacht, weil ich Mr. Brumley, dem Hausmeister, meine Anwesenheit im Luftschacht nicht erklären konnte, als ich wieder in seine Abstellkammer kletterte. Ich versuchte ihm zu sagen, daß ich den Luftzug in abgeschlossenen Räumen studierte, aber es ist sehr schwer, einen Quäker zu belügen. Deshalb rannte ich einfach weg. Als ich heute morgen in der Schule ankam, wurde ich ins Büro des Direktors gerufen. Bei ihm waren Mrs. Winslow und Mr. Brumley, der meine Spur im Staub des Lüftungsschachts verfolgt hatte. Das Band ist weg. Ich mußte es dem Direktor übergeben. Und jetzt muß ich einen zehn Seiten langen Aufsatz über den Respekt vor der Privatsphäre schreiben. Mein Tonbandgerät wurde für den Rest des Schuljahrs aus der Schule verbannt, es sei denn, ich bekomme die schriftliche Erlaubnis eines Lehrers.

4. April, 20 Uhr

Martin Luther King wurde heute bei einem Attentat in Memphis, Tennessee, getötet. Jemand schoß ihm ins Genick, als er auf dem Balkon eines Hotels stand. Ich saß gerade mit Dad im Auto, als die Nachricht im Radio kam. Er sagte »Scheiße!« Zum ersten Mal im Leben habe ich ihn dieses Wort aussprechen hören. Wir fuhren gleich nach Hause und sahen uns mit Mom die Nachrichten im Fernsehen an. An vielen Orten sind Unruhen ausgebrochen. Ich glaube, das FBI ist bereits hinter dem Mann her, der ihn getötet hat. Sie werden ihn erwischen. Ich wünschte, ich wäre älter. Und wüßte mehr als jetzt.

19. April, 16 Uhr

Bin heute vierzehn geworden. Mom und Dad schenkten mir eine Timex-Armbanduhr. Ich hielt sie fünfzehn Minuten in der Badewanne unter Wasser, und sie tickt immer noch.

Mein Bruder ist nach Kanada gezogen, um Holzfäller zu werden. Das sagt Mom zumindest. Sie sagte, wir würden ihn nicht wiedersehen, bis alle Bäume gefällt sind. Ich glaube, in Wirklichkeit ist er gegangen, um nicht eingezogen zu werden, denn er ist voll tauglich.

20. April, 21 Uhr

Habe alle hiesigen Giftpflanzen richtig bestimmt und wurde heute ein Jungpfadfinder. Dann führten wir an Mr. Tooley, dem Leiter, den Heimlich-Handgriff aus, als er sich an einem Löwenzahn verschluckte, während er uns vorführte, wovon man sich in der Wildnis ernähren kann.

2. Mai, 23 Uhr

Marie sagte mir heute, daß sie nicht mehr mit mir reden kann, bis ich älter bin. Ich erklärte ihr, daß ich gerade Geburtstag gehabt habe, aber sie glaubte mir nicht. Deshalb folgte ich ihr nach der Schule und sah, wie sie vor Duva's Café Daren Seedler küßte. Glaube, daß zwischen beiden Ereignissen ein Zusammenhang besteht.

12. Mai, 19.30 Uhr

Lud Marie heute nachmittag zu einer Party ein, aber sie wollte nicht kommen. Die Fensterläden vor ihrem Zimmer sind nun immer geschlossen. Komme mir blöd vor, in diese Maschine zu reden.

6. Juni, 3.30 Uhr

Dad weckte mich und sagte, in Los Angeles hätte jemand auf Bobby Kennedy geschossen. Dad ist noch immer unten und sitzt vor dem Fernseher, um zu erfahren, ob Bobby lebt. Im Radio spielten sie ein Band ab, das ein Reporter bei der Schießerei aufgenommen hat. Man hört das Krachen der Schüsse, und dann schreien Leute: »Nehmt ihm die Pistole weg.«

Wir hörten alle drei zu, dann machte Mom für Dad ein Sandwich mit Huhn und ging ins Bett. Nebenan kann ich Licht in Maries Zimmer sehen. Sie trug in der Schule jeden Tag einen Kennedy-Anstecker.

6. Juni, 5 Uhr

Bobby Kennedy ist an einem Kopfschuß gestorben. Dad ist in die Druckerei gegangen. Mom schläft. Vor ein paar Minuten ging bei Marie das Licht aus. Dann öffneten sich die Fensterläden, und ich konnte undeutlich Marie im Dunkeln stehen sehen, nackt. Sie sah zu meinem Fenster rüber. Ihre Arme hatte sie seitlich an den Körper gedrückt, und so blieb sie etwa eine Minute lang regungslos stehen, bevor sie ins Dunkel zurücktrat. Warum hat sie das getan? Wußte sie, daß ich da war? Wegen vieler Dinge bin ich ziemlich durcheinander.

8. Juni, 21 Uhr

Der Zug mit Bobby Kennedy kam durch Philadelphia. Gezogen wurde er von zwei schwarzen Lokomotiven, die sehr langsam fuhren. Die Gleise waren von Menschen gesäumt, die ihm nachschauten, als er vorbeifuhr. Viele Männer salutierten. Als er verschwunden war, sah ich Marie allein dastehen. Sie hatte ihren Kennedy-Anstecker in der Hand. Ich ging zu ihr rüber und sagte hallo. Sie nahm meine Hand und ging mit mir zur nächsten Ecke. Dann küßte sie mich auf die Lippen und bewegte ihre Zunge in meinem Mund, im Uhrzeigersinn, glaube ich. Dann füllten sich ihre Augen mit Tränen, sie drehte sich um und rannte weg.

14. Juni, 16 Uhr

Die Schule ist zu Ende. Bradley ist in ein Zeltlager irgendwo in Maine verfrachtet worden, wo er Französisch lernen soll. Verstehe nicht ganz, warum er dazu nach Maine muß.

Marie ist heute früh mit ihren Eltern zu einer Fahrt durch die Nationalparks aufgebrochen. Dad hat sie fotografiert, wie sie alle vor ihrem vollgeladenen Kombi standen, mit einer riesigen Karte der Vereinigten Staaten in der Hand. Marie sah nicht sehr glücklich aus. Habe nicht mehr mit Marie gesprochen seit dem Tag, an dem der Zug durchkam. Einmal habe ich bei ihr zu Hause angerufen, aber ihre Mutter nahm ab, deshalb legte ich gleich wieder auf. Ich habe viel über sie nachgedacht und frage mich, was wohl diesen Sommer passiert wäre, wenn ihr Vater nicht den Grand Canyon hätte sehen wollen.

20. Juni, 13 Uhr

Habe mich heute entschlossen, FBI-Agent zu werden. Ich werde sehr hart arbeiten müssen, wenn mein Traum Wirklichkeit werden soll. Schrieb einen langen Brief an Mr. Hoover, in dem ich meine Pläne darlegte und ihn fragte, was er mir raten würde. Der Brief lautet folgendermaßen:

Sehr geehrter Mr. Hoover,
habe mich heute entschlossen, zum frühestmöglichen Zeitpunkt ein FBI-Agent zu werden. Zur Zeit bin ich vierzehn Jahre alt und auf dem besten Weg, mit fünfzehn Kornett bei den Pfadfindern zu sein. Habe nie ein Gesetz gebrochen, doch wenn Sie in meine Akten sehen, werden Sie feststellen, daß ich kürzlich dabei erwischt wurde, wie ich den Sexualkundeunterricht der Mädchen von einem Luftschacht aus auf Tonband aufnahm. Glaube nicht, daß das gegen mich spricht, denn meine Motive waren rein wissenschaftlich und frei von persönlichem Gewinnstreben. Würde Sie gerne einmal besuchen und mit Ihnen über mögliche eigene Erfahrungen mit Tonbändern diskutieren.

Hochachtungsvoll
Dale Cooper

2. KAPITEL

»Ich erinnere mich genau an den Tag, als Dale den Brief von Hoover bekam. Es war der 3. Juli 1968. Dale war Jungpfadfinder, und ich war schon Pfadfinder. Er brachte ihn zur Truppstunde mit, in eine Seidenbluse verpackt, die er von seiner Mutter geliehen hatte. Der Leiter, Mr. Tooley, ließ alle antreten, damit sie einen Blick drauf werfen und danach Dales Hand schütteln konnten. Bereits damals konnte man klar erkennen, daß Dale ganz genau wußte, was er den Rest seines Lebens tun würde. Ich erinnere mich deshalb so gut, weil es der Tag war, an dem zwei andere Pfadfinder und ich eine Rakete aus Streichholzköpfen machten. Nach der Truppstunde schossen wir sie ab. Sie flog seitlich durch Mr. Nordstroms Verandageländer und brannte ein Loch in ein Bild des Letzten Abendmahls, das seine Frau auf einem Ausflug in die Pocono-Berge gemalt hatte.«

Newt Cummings,
ehemaliger Pfadfinder,
Klempner

3. Juli, 20 Uhr

Habe einen Brief von Mr. Hoover erhalten. Er gratuliert mir zu meinem Esprit de Corps beim Mitschneiden des Sexualkundeunterrichts und fügt ermutigend hinzu, die Tatsache, daß ich erwischt worden bin, soll mich künftig nicht von derlei Aktionen abhalten. Beim FBI jedenfalls lassen sie sich von so etwas nicht beeinflussen. Er schrieb außerdem, daß er gerne mehr Leute in seiner Behörde hätte, die aus solchem Holz geschnitzt sind, und lud mich ein, zu einer speziellen

Besichtigungstour nach Washington zu kommen und einen echten Spezialagenten kennenzulernen.

15. Juli, 11.30 Uhr

Unterwegs nach Washington mit dem Expreßzug, um Mr. Hoover zu treffen. Habe Dad bei mir und einen großen Kuchen, den Mom für Mr. Hoover gebacken hat. Trage meinen Anzug mit Krawatte und habe sauber geputzte Schuhe an. Mein Pfadfinderabzeichen habe ich mir auf die Brusttasche gesteckt. Wir werden einen Spezialagenten treffen, der uns überall herumführt. Dann werden wir Mr. Hoover vorgestellt, wenn er uns in seinem Terminplan unterbringen kann.

15. Juli, 19 Uhr

Auf dem Rückweg nach Philadelphia. Mr. Hoover fand den Kuchen ausgezeichnet. Dad machte ein Foto von mir neben Mr. Hoover, der eine Maschinenpistole in der Hand hielt. Er sagte, mit der hätte er früher, in der guten alten Zeit, Gangster umgelegt. Dann besichtigten wir mit einem Spezialagenten zusammen das ganze Gebäude und durften auf dem Schießstand mit einer Dienstwaffe ein paar Schüsse abgeben. Der Spezialagent traf gut, fünf von sechs Kugeln gingen ins Schwarze. Mit dem letzten Schuß überrundete ich ihn, indem ich mitten ins Schwarze traf. Schlug ihm vor, sich ein wenig mehr nach vorn zu beugen, um den Rückstoß der Waffe besser abzufangen. Er bedankte sich und bat mich, das vor keinem der anderen Agenten zu wiederholen.

Zum Schluß unserer Tour sahen wir noch die Brille, die John Dillinger* trug, als er in Chicago erschossen wurde. Rundum ein Eins-a-Tag.

---

* *John Dillinger, 1903–1934, legendärer Bankräuber, Ein- und Ausbrecher. Wurde von FBI-Agenten erschossen. A. d. Ü.*

15. Juli, 23.30 Uhr

Wieder zu Hause. Während der Zugfahrt war Dad sehr still und erzählte mir dann eine Geschichte aus dem Krieg. Er und ein paar andere Soldaten waren in einem kleinen Dorf in Frankreich. Die Einwohner erzählten ihnen, einer der Bauern wäre ein Kollaborateur und würde den Deutschen bestimmt verraten, daß sie in dem Dorf sind. Also gingen die Soldaten zu dem Bauernhof und fanden den Mann, seine Frau und zwei Töchter. Der Bauer gab ihnen Wein und Käse und zeigte ihnen dann seine Scheune, wo einer der Soldaten ihn erschoß.

Dann sagte mir Dad, daß er sehr stolz auf mich ist, ich müßte aber immer darauf achten, mir ein eigenes Bild von den Vorgängen in der Welt zu machen. Ich weiß nicht, was er damit meint, aber er sagte, eines Tages würde ich das verstehen. Ich bat ihn, mir mehr vom Krieg zu erzählen, aber er sah bloß zum Fenster hinaus, wo die Lichter vorbeischossen, und sagte kein einziges Wort, bis wir zu Hause waren.

10. August, 18 Uhr

Marie kam heute aus dem Urlaub zurück, und mir sind mehrere Veränderungen aufgefallen. Erstens scheint sie fast ununterbrochen zu lächeln. Ich schrieb das der Freude über ihre Rückkehr zu, doch als ich sie danach fragte, lachte sie bloß und malte sich eine große gelbe Blume auf die Stirn. Ich erzählte ihr dann, daß ich bei Mr. Hoover war, und sie sagte, ich sei ein Establishment-Schwein, durch und durch verfault, und würde nie das Nirwana erreichen. Ich sagte ihr, das wäre nicht wahr, aber ich müßte erst in meinem Pfadfinderhandbuch nachsehen, ob ein Kornett Nirwana haben muß oder nicht. Sie lachte wieder bloß und fing an, sich noch eine Blume ins Gesicht zu malen. Ich habe inzwischen Nirwana nachgeschlagen und folgendes gefunden: »Die völlige Ruhe, das Erlöschen aller Lebenstriebe, von den Heiligen schon im Diesseits erreichbar.« Ich weiß nicht, was Marie im Grand Canyon gesehen hat, glaube aber, daß sie eine gewaltige Erfahrung gemacht haben muß.

1. September, 16 Uhr

Der folgende Zwischenfall ereignete sich heute gegen 15 Uhr. Ich war gerade in Simms' Eisenwarenladen, als ein großer bunter Vogel durch die Tür hereinflog und sich auf die Kisten mit Nägeln und Schrauben setzte. Mr. Simms versuchte, den Vogel mit einem Besen wieder zur Tür hinauszujagen, doch er geriet in Panik und flog mir direkt gegen den Kopf. Er verkrallte sich in meinen Haaren, und ich rannte in die Sanitärabteilung, wo mir Mr. Simms den Besen ins Gesicht schlug, so daß ich zu Boden ging. Der Vogel wurde in einen Klimaschacht geschleudert und von einem Ventilator in Stücke gehackt. Ich mag Vögel nicht. Mr. Simms schenkte mir einen Lattenhammer, weil ich gute Miene zum bösen Spiel machte.

9. September, 20 Uhr

Erster Schultag. Trug mich ein für Naturwissenschaft, Mythologie, Mathe und Englisch. Hatte die Wahl, entweder in der Theatergruppe mitzuspielen oder hinter der Bühne zu arbeiten. Entschied mich für die Kulissen. Marie ist in der Theatergruppe, und ich halte es für keine gute Idee, in ihrer Nähe zu sein, solange sie noch die Blumen im Gesicht hat.

20. September, 18 Uhr

Heute um halb fünf fand ich auf dem Heimweg im Fairmount Park folgendes: ein Paar Sandalen, aus alten Autoreifen gemacht, drei abgebrannte Steichhölzer, ein kleines Häufchen Asche und Zigarettenpapier, einen Zahnstocher, mehrere Hemdknöpfe, einen Ohrring, einige tiefe Rillen im Boden und die Überreste eines Sandwichs mit Käse und kaltem Braten. Nach gründlicher Untersuchung der Angelegenheit bin ich zu der Überzeugung gelangt, daß hier nichts Ungesetzliches im Spiel ist. Ich glaube, folgendes hat sich zugetragen:

Ein Mann und eine Frau, die gemeinsam ein Sandwich aßen, verloren einen Ohrring. Bei der Suche nach dem Ohrring gingen mehrere Hemdknöpfe ab. Die Sandalen wurden dann ausgezogen und in der hereinbrechenden Dunkelheit nicht mehr gefunden. Das Paar ging weg, um eine Taschenlampe zu holen, fand den Ort jedoch später nicht mehr wieder. Nur für die Rillen im Boden habe ich noch keine Erklärung.

30. September, 23 Uhr

Onkel Al, der Zauberer, besuchte uns am Wochenende. Das letzte Mal haben wir ihn auf einem Ausflug in die Pocono-Berge gesehen, wo er als Ricardo der Große mit einer Hundenummer in einem Hotel auftrat. Glaube nicht, daß Dad seinen Bruder gerne um sich hat. Denke, er hält ihn für verantwortungslos und nicht vertrauenswürdig. Die Zauberei geht nicht besonders gut, deshalb ist Onkel Al auf dem Weg nach Florida, wo er Bibeln verkaufen will. Samstag hat er mir beigebracht, wie man alle im Spiel befindlichen Karten beim Siebzehn und Vier durch Mitzählen verfolgen kann, damit man weiß, daß andere Spieler nicht betrügen. Danach gingen wir in einen Herrenclub, wo einige Männer Karten spielten, ich glaube, um Geld. Onkel Al hatte recht, man kann wirklich jede Karte des ganzen Spiels verfolgen, und ich fand keinen Anhaltspunkt dafür, daß einer der Mitspieler betrog. Es lief sehr gut für uns, als ein sehr großer Mann, dem ein Ohr fehlte, meinte, daß ich um diese Zeit wohl ins Bett müßte und wir deshalb besser gehen sollten. Ich war noch gar nicht müde, aber Onkel Al war da anderer Ansicht. Er nahm mich an der Hand, und wir rannten den ganzen Weg bis nach Hause. Als ich am nächsten Morgen aufwachte, war er schon weg. Er hatte eine Nachricht hinterlassen, daß eine große Bestellung für Gesangbücher eingegangen wäre und er deshalb noch mitten in der Nacht hätte abreisen müssen.

6. Oktober, 22.30 Uhr

Ich sehe gerade aus meinem Fenster zu Marie rüber. Glaube ganz fest, daß zwei Menschen in ihrem Zimmer sind und daß einer davon ein Junge namens Howard ist. Glaube nicht, daß sie Hausaufgaben machen, da ihre Eltern zum Essen ausgegangen sind und ich Howard ohne ein Buch in der Hand durch die Hintertür habe ins Haus schleichen sehen. Ich glaube, jede Hoffnung, daß Marie mich vielleicht mag, ist damit dahin.

7. Oktober, 19 Uhr

Man hat Marie heute bewußtlos auf dem Boden im Gemeinschaftsraum gefunden. Sie wurde ins Krankenhaus gebracht. Als man sie im Krankenwagen abtransportierte, konnte ich ihr Gesicht sehen. Ihre Augen waren weit aufgerissen, und ich glaube, sie hatte sich übergeben. Der Direktor rief die ganze Schule zusammen und sagte, daß er annimmt, sie hätte Drogen genommen und eine Überdosis erwischt. Er forderte jeden, der etwas darüber weiß, auf, in sein Zimmer zu kommen und darüber zu sprechen. Ihre Eltern sagen, daß ihr Zustand stabil ist, daß sie aber ein paar Tage zur Beobachtung im Krankenhaus bleiben muß.

10. Oktober, 21 Uhr

Habe heute Marie im Krankenhaus besucht, indem ich der Schwester einredete, ich wäre ihr Bruder. Als ich ihr Zimmer betrat, machte Marie einen hellwachen und fröhlichen Eindruck. Ihre Handgelenke waren am Bett festgeschnallt. Sie fragte mich nach der Theatergruppe, wie es mir in Mathe geht, nach meiner liebsten Fernsehsendung und ob ich immer noch FBI-Agent werden wollte. Dann erzählte sie mir, daß sie versucht hat, sich mit Tabletten umzubringen. Wenn ich ihr helfen würde, hier rauszukommen, dürfte ich sie überall anfassen, und sie würde meinen Pimmel lutschen.

Das Pfadfindergesetz ist in diesem Punkt sehr klar: »Ein Pfadfinder ist hilfsbereit. Ein Pfadfinder kümmert sich um seine Mitmenschen. Er hilft anderen freiwillig, ohne eine Belohnung oder Bezahlung zu erwarten.« Diese Regel hätte ich klar gebrochen, wenn ich Maries Angebot angenommen hätte. Ich sagte ihr, daß ich es leider nicht annehmen könnte. Sie schlug mit dem Kopf gegen das Bettgestell und schrie: »Ich will meinen Stoff!« Ich versuchte sie daran zu hindern, und sie biß mich in den Arm. Dann kam eine Schwester rein und forderte mich auf, zu gehen. Das ist nicht mehr die Marie, die ich vor kurzem noch gefesselt habe.

2. November, 21.30 Uhr

Bekam heute einen Brief von Marie aus der Klinik, wo sie eingesperrt ist. Er lautet folgendermaßen:

Lieber Dale,
tut mir leid, daß ich so häßlich zu Dir war, als Du mich im Krankenhaus besucht hast. Ich hatte einen schlimmen Tag hinter mir. Jetzt geht's mir viel besser, und ich habe nur noch zwei oder drei Mal täglich ein Verlangen nach Drogen, nicht mehr den ganzen Tag. Habe mich mit einem Mann angefreundet, der Dichter ist und an einer Universität unterrichtet. Er sagt, die Welt ist ein süßlich riechender Misthaufen, an dem wir alle festkleben. Ich finde das sehr schön. Er sprang letztes Jahr von einer Brücke und brach sich elfmal die Beine. Hoffe, Dir geht es gut. Ich fühle mich besser, seit ich mir die Haare abrasiert habe. Grüß' alle in der Schule.

Marie

Glaube, Marie wird noch eine Weile brauchen.

6. November, 1 Uhr

Nixon ist zum Präsidenten gewählt worden. Weiß nicht genau, was das bedeutet.

28. November, 18 Uhr

Thanksgiving. Dad hat einen Indianer zum Essen eingeladen, den er im Bus kennengelernt hat. Der Name des Mannes war Michael Bishop Tree. Er hat während des Essens kein Wort gesprochen, nur manchmal über irgendwas gekichert. Direkt nach dem Essen stopfte er sich die Taschen mit Kuchen voll und ging.

18. Dezember, 7 Uhr

Hatte letzte Nacht einen schlimmen Asthmaanfall. Mom blieb fast die ganze Nacht mit mir auf, und jetzt fühle ich mich sehr schwach. Gehe heute nicht in die Schule. Mitten in der Nacht hatte ich einen Traum, der mich zu Tode erschreckte. Ein Mann, den ich noch nie gesehen habe, versuchte in mein Zimmer einzubrechen. Er rief die ganze Zeit meinen Namen und sagte, er wollte mich holen. Er schrie dann, und einen Moment darauf wurde sein Schreien zu einem Gebrüll, als wäre er irgendein Tier. Ich erzählte Mom davon, und sie sagte, daß sie über »ihn« Bescheid weiß und denselben Traum hat. Sie sagt, ich darf den Mann nie in mein Zimmer lassen. Ich weiß nicht, was das bedeutet. Meine Brust tut furchtbar weh. Ich glaube, ich muß jetzt schlafen. Ich bin sehr müde.

KEINE AUFNAHMEN IM NÄCHSTEN MONAT.

20. Januar 1969, 20 Uhr

War einige Zeit krank und fühle mich noch immer nicht gut genug, viel zu sagen. Eine Infektion hatte meine Lungen befallen, und lange Zeit fühlte ich mich sehr schwach. Habe noch einige Male von *dem Mann* geträumt, ließ ihn aber nicht herein.

Gestern kam Marie mich besuchen. Sie trug eine Cheerleader-Uniform. Ich glaube, es geht ihr besser. Sie sagt, es geht bergauf mit ihr, und das würde für den Rest ihres Lebens so weitergehen. Sie sah sehr gut aus und wird noch besser aussehen, wenn ihr Haar nachgewachsen ist. Dann gab sie mir einen Kuß auf die Backe und erzählte mir, daß ihr Dichter sich aufgehängt hat und daß Jesus jetzt ihr persönlicher Retter ist und daß sie mir helfen wird, zu Gott zu finden, wenn ich sie lasse.

Glaube, daß es bestimmte Dinge an der »alten« Marie gibt, die mir besser gefallen als die »neue«. Obwohl sie in ihrer Cheerleader-Uniform sehr gut aussieht. Seit sie weg ist, habe ich beinahe ununterbrochen daran gedacht. Ich würde ihr sehr gern die Kniestrümpfe ausziehen. Weiß nicht, ob dieser Gedanke ein Effekt meiner Krankheit ist oder nicht. Weiß aber sicher, daß ihre Beine das Schönste sind, was ich je gesehen habe.

10. Februar, 15 Uhr

Stehe an der Ecke von Chelton und Greene Street. Es regnet leicht. Auf der Straße, etwa einen Meter vom Rinnstein entfernt, liegt die Leiche eines Mannes. Ein Klebeband der Polizei umrahmt den Toten in einem weiten Bogen. Er ist weiß, dunkelhaarig, etwa 1,80 Meter groß. Er trägt ein grünes Jackett, hellbraune Hosen und braune Schuhe. Er liegt auf dem Bauch, Gesicht nach unten. Um seinen Nacken herum ist Blut, und neben seinen Füßen steht eine große Blutlache. Noch nie im Leben habe ich so etwas gesehen, und ich fürchte, mir wird schlecht.

Ein Zeuge sagt, daß der Mann einen Block entfernt niedergestochen wurde und dann hierher gerannt ist. Dabei schrie er immer wieder: »Nein.« Jemand anders sagt, er ist in den Nacken gestochen worden. Ich habe die Kriminalpolizisten genau beobachtet. Sie knieten neben dem Körper und durchsuchten sorgfältig die Taschen des Mannes, ohne ihn zu bewegen. Sie nahmen eine Brieftasche an sich, ein kleines Adreßbuch und ein paar Schlüssel an einer Kaninchenpfote. Ich versuche, so zu denken, wie Holmes es tun würde, aber hauptsächlich möchte ich mich übergeben. Jetzt drehen sie die Leiche um . . .

10. Februar, 20 Uhr

Bin gerade mit dem Reinigen meines Mikrofons fertig geworden. Als sie die Leiche umdrehten, da erkannte ich den Mann als einen der Kartenspieler aus dem Club, wo ich mit Onkel Al war. Dann wurde mir schlecht. Ein paar Minuten später informierte ich die Polizisten über das Kartenspiel und den Mann, dem ein Ohr fehlt. Sie bedankten sich und sagten, ich sollte nach Hause gehen, mein Hemd wechseln und alle Türen und Fenster fest schließen. Das habe ich getan. Ich glaube, ich überlasse der Polizei die weitere Arbeit an dem Fall und mache meine Matheaufgaben zu Ende.

14. Februar, 16 Uhr

Bekam eine Karte zum Valentinstag. Eine große Zeichnung von Marie in ihrer Cheerleader-Uniform. Sie hält das Jesuskind im Arm. Wußte nicht, was ich davon halten sollte.

28. Februar, 7 Uhr

Habe festgestellt, daß ich sehr häufig mit einer Erektion aufwache. Begreife dies als Teil des Traumgeschehens bei allen Säugetieren. Finde es interessant, daß es einen Körperteil gibt, über den ich keine Kontrolle zu haben scheine, was ziemlich peinlich sein kann, wenn es in der Schule passiert. Ich habe jedoch entdeckt, daß ich eine Erektion ziemlich erfolgreich unterdrücken kann, indem ich ganz fest an Disneyland denke. Weiß nicht genau, warum das funktioniert. Ich erinnere mich nämlich, daß die U-Boot-Fahrt auf ihre Art sehr anregend war.

11. März, 16 Uhr

Ein neues Mädchen kam heute in die Schule. Sie hat lange blonde Haare und kommt aus dem mittleren Westen, wo es nur Rinder und Maisfelder gibt. In der Gemeinschaftsstunde heute saß ich neben ihr. Hinterher stand sie auf, sah mich an und sagte: »Hallo, ich heiße Anne.« Sie drückte mir die Hand, und ich stellte mich als Ale vor, weil ich ein bißchen ins Stottern geriet. Sie hat lange, vollkommene Finger, außer einer winzigen Narbe am kleinen Finger.

Den ganzen Tag konnte ich an nichts anderes denken als an sie. Noch nie habe ich jemanden wie sie gekannt, nicht einmal Marie, bevor sie sich die Haare abrasierte.

3. KAPITEL

»Gegen Ende der neunten Klasse verliebte sich Dale zum ersten Mal ernsthaft – als er meine Schwester fesselte, hatte das mehr mit Pfadfinderabzeichen zu tun als mit wahrer Liebe. Wir nannten sie die Göttin der Ebene, weil sie gerade aus Minnesota hierher gezogen war. Anne Sweeny sah aus wie Milch und Honig. Dale sah sie und wußte sofort, daß sie das Mädchen war, mit dem er den Rest seines Lebens verbringen würde.

Das Problem war, daß jeder in der Schule so fühlte wie Dale, auch Nancy Nordstrom aus der zehnten Klasse, die eine Menge Friedensanstecker trug und Torwart im Hockeyteam war. Gewöhnlich ließ sie die Gegner Tore erzielen, weil sie es für einen aggressiven Akt hielt, sie daran zu hindern. Dale nahm das alles sehr schwer. Fing an, einen Nixon-Anstecker zu tragen.«

Bradley Schlurman,
bester Freund,
Pfarrer

19. April, 17 Uhr

Bin fünfzehn geworden . . . Warum? . . . Spielt es eine Rolle? . . . Ein ehrenvoller Friede . . . Ich hasse Hockey . . . Die Anzeichen für einen Herzinfarkt sind . . . unangenehmer Druck, Beklemmung, Magenbeschwerden oder ein Schmerz im Brustkorb hinter dem Brustbein. Das Gefühl kann sich ausbreiten in Schultern, Armen, Nacken, Kiefer und Rükken . . .

12. Mai, 19 Uhr

Muttertag. Dad machte das Abendessen, er hat Mom einen Mixer und Parfüm geschenkt. Ich habe ihr Untersetzer für Gläser gekauft. Sie sagte mir, daß ich mich in letzter Zeit seltsam benommen hätte und sie sich Sorgen um mich macht. Habe beschlossen, daß sie recht hat und daß ich etwas unternehmen muß, damit es mir besser geht. Entwarf diverse Pläne:

> *Plan A*. Esse halbgiftige Pilze und schreibe vom Sterbebett Abschiedsbrief an Anne. Sie kommt dann zu mir. Ihre Anwesenheit rettet mir das Leben, und sie verliebt sich in mich.
> *Plan B*. Sprenge ihr Haus in die Luft, während sie in der Schule ist, und wir nehmen sie aus Nächstenliebe bei uns auf.
> *Plan C*. Sprenge Nancy Nordstroms Haus in die Luft, während sie drin ist.
> *Plan D*. Vergesse Anne und konzentriere mich darauf, ein besserer Pfadfinder zu werden und ein nützliches Mitglied der menschlichen Gemeinschaft.

Jeder Plan hat seine Vor- und Nachteile. Alle aber werden, denke ich, schließlich zu einem befriedigenden Resultat führen.

20. Mai, 21 Uhr

Habe Nancys Briefkasten in die Luft gesprengt und fühle mich viel besser. Glaube, daß ich nun bereit bin für den langen Aufstieg zum Kornett und zu einer verantwortungsvollen Position in der Gesellschaft.

10. Juni, 18 Uhr

Das Schuljahr ist zu Ende. Anne zieht wieder nach Minnesota, wo ihr Vater einen großen Futtersilo gekauft hat. Sah sie im Buchladen, wo sie ein Buch von Willa Cather* für Nancy gekauft hat. Glaube nicht, daß ich sie je wiedersehe, werde mich aber immer daran erinnern, wie ich sie zum ersten Mal sah, und an den Knall, mit dem der Briefkasten explodiert ist.

30. Juni, 19 Uhr

George, einer der Drucker in Dads Geschäft, geriet heute mit einer Hand in die Presse. Sie wurde unmittelbar über dem Handgelenk abgetrennt und fiel auf den Boden, flachgepreßt wie ein Stück Papier, mit dem Emblem eines Immobilienmaklers in der Handfläche. George fluchte und kickte die abgetrennte Hand voller Wut über den Fußboden.

Ich legte sofort einen Druckverband an, um das Blut zu stillen, das wie eine Fontäne aus seinem Handgelenk schoß. Dann legten wir ihn hin und deckten ihn zu, als der Schock einsetzte. Es dauerte einige Minuten, die Hand zu finden, die unter eine Theke gerutscht war. Es entstand ein Streit darüber, wer sie aufheben sollte. Ich beendete ihn, indem ich sie selbst aufhob und in ein Handtuch packte. Der Krankenwagen kam und fuhr George und seine Hand ins Krankenhaus.

Insgesamt ein sehr aufregender Tag. Habe immer noch das Gefühl, als sei mein ganzer Körper von Elektrizität durchströmt. Stelle mir vor, daß ein FBI-Agent sich nach beinahe jedem Tag so fühlen muß.

---

* *Willa Cather, 1873–1947, amerikanische Schriftstellerin, deren Romane den Pioniergeist der Siedler im mittleren Westen der USA, wozu auch Minnesota gehört, zum Gegenstand haben. A. d. Ü.*

16. Juli, 10.50 Uhr

Der Flug zum Mond von Apollo 11 hat heute begonnen. In einer Stunde zünden sie die dritte Stufe und erhöhen damit ihre Geschwindigkeit auf 38 792 Stundenkilometer und lösen sich aus dem Gravitationsfeld der Erde und fliegen auf den Mond zu. Im Moment scheinen alle Systeme zu funktionieren. Ich kann mir nicht vorstellen, wie sich die Männer in der Rakete jetzt fühlen.

16. Juli, 13 Uhr

Sie sind auf der richtigen Bahn. Marie kam rüber und sagte, sie erwartet, daß sie Gott auf dem Mond begegnen und daß er ihnen sagen wird, sie sollen dorthin zurückkehren, wo sie hingehören. Sie sieht großartig aus, ihre Haare sind vollständig nachgewachsen, und sie sagt, sie hat fast sechs Monate kein Amphetamin mehr angerührt. Interessant ist, daß Marie das einzige Mädchen ist, das ich je nackt gesehen habe, und daß ich mich überhaupt nicht daran erinnern kann. Unsere Familien wollen die Mondlandung und den Mondspaziergang gemeinsam anschauen. Bradley bringt seine Sitzsäcke mit, so daß wir die Mondoberfläche simulieren können. Ich wüßte gern, ob Marie noch andere Gefühle für mich hat außer religiösen.

20. Juli, 15.08 Uhr

Bradley ist da, mit seinen Sitzsäcken. Der *Adler* hat Flügel und ist auf dem Weg zum Meer der Stille. Marie kommt erst zum Mondspaziergang rüber.

20. Juli, 16.17 Uhr

Der *Adler* ist gelandet.

20. Juli, 22.56 Uhr

DIE STIMME VON NEIL ARMSTRONG.

»Dies ist ein kleiner Schritt für einen Menschen, aber ein großer für die Menschheit.«

ES IST NICHT KLAR, WEM DIE NUN FOLGENDEN STIMMEN GEHÖREN.

Wir sind auf dem Mond! Wir sind auf dem Mond! . . . Sei ruhig, leise, sieh nur . . . da, genau hier . . . Ich sehe es nicht . . . das ist sein Fuß. Bist du sicher? . . . Dort ist sonst niemand. Natürlich ist es sein Fuß . . . Oh, da ist er . . . schau dir das an . . . schau nur . . . schsch . . . schsch . . . Gott wird uns nie vergeben . . .

21. Juli, 2 Uhr

Armstrong und Aldrin sind wieder in der Mondfähre. Dad sitzt immer noch vor dem Fernseher und ißt Erdnüsse. Mom ist ins Bett gegangen. Bradley und seine Familie haben sich vor einer Stunde verabschiedet. Weiß nicht, wie ich ausdrükken soll, was mir mit Marie passiert ist. Habe im Pfadfinderhandbuch unter Grundlagen nachgeschaut, konnte aber nichts finden, was auf die Situation paßte. Das folgende beschreibt die Ereignisse im Garten, so gut ich es kann.

Kurz nachdem Aldrin zu Armstrong auf die Mondoberfläche gekommen war, nahm Marie einen der Sitzsäcke und gab mir ein Zeichen, ihr in den Garten zu folgen. Als ich rauskam, lag sie hinten bei den Lilien auf ihrem Sitzsack und starrte zum Mond hoch. Sie sagte, ich sollte mich neben sie legen, was ich auch tat. Ein paar Minuten schauten wir nur zum Mond und sagten kein Wort. Dann sprach Marie es aus:

»Dale, denkst du manchmal an mich . . . du weißt schon, wie?«

Ich schluckte und versuchte genau zu analysieren, wie die

Frage gestellt war. Es war dieses »Du weißt schon, wie«, das mir am meisten Kopfzerbrechen machte. Ich antwortete: »Ich glaube schon.«

Marie überlegte einen Moment und erwiderte dann: »Ich denke an dich.«

Ich nickte und sagte: »Gut.«

Marie lächelte. »Ich habe es nicht verstanden, bis ich Menschen auf dem Mond sah, aber ich glaube, Gott hat einen Plan für jeden, und wir sind ein Teil davon. Verstehst du, Dale?«

Ich sagte, daß ich sie zu verstehen glaubte.

»Bist du sicher, Dale?«

Ich sagte ja.

»Ich auch«, sagte Marie. Dann nahm sie meine Hand und brachte die Sache auf den Punkt: »Bete mit mir, Dale.«

Es gibt Momente im Leben, von denen man träumt und nach denen man sich sehnt. Dieser erwies sich nicht als ein solcher Moment. Zwei Stunden lang lagen wir da, Hand in Hand. Maries Augen im Gebet geschlossen, meine in tiefer Ratlosigkeit geöffnet. Die Astronauten kehrten in ihr Raumfahrzeug zurück. Der Mond trat hinter ein paar Wolken. Marie dankte mir dafür, daß ich diese Zeit mit Gott verbracht hatte, und nahm den Sitzsack mit nach Hause.

Morgen fahre ich zum Pfadfindertreffen, wo ich versuchen werde zu vergessen.

21. Juli, 13 Uhr

Glaube, die Mondlandung hatte eine starke Wirkung auf meinen Vater. Als ich heute früh zu dem Pfadfindertreffen aufbrach, gab er mir einen neuen Kompaß und sagte dann, ich sollte die Fähre sicher nach Hause bringen.

21. Juli, 17 Uhr

Bin beim Pfadfindertreffen angekommen. Das Lager ist hergerichtet, die Bohnen sind auf dem Feuer. Glaube, da ist ein

Trupp aus Pittsburgh, der aus Nazis besteht. Alle sind sehr groß und sehr sauber.

Habe mehrfach über die Ereignisse der letzten Nacht nachgedacht. Hätte versuchen sollen, Marie zu küssen, als sie mit geschlossenen Augen betete. Frage mich, ob ich dazu verdammt bin, jungfräulich zu bleiben. Diese Sache hat absolute Priorität, gleich hinter dem Erreichen des Kornett-Status.

23. Juli, 23 Uhr

Kurz nach Sonnenuntergang griffen die Nazis unser Lager an. Unser Banner ist weg. Wir sind grün und blau geschlagen. Einer aus unserem Trupp liegt im Krankenhaus, zwei haben ihre Eltern angerufen. Mir ist ein Stück Zahn abgebrochen, und ich habe überall blaue Flecken. Bemerke, daß meine Gedanken immer wieder zu Marie schweifen, wie sie da auf dem Sitzsack lag und der Mond sich auf ihren weißen Tennisschuhen spiegelte. Und die Astronauten sammelten oben Steine. Die Nazis werden das büßen.

25. Juli, 15 Uhr

Habe heute ein Tier getötet. Eine Krähe. Ein einziger Schuß, während sie über der Straße kreiste und nach einem überfahrenen Tier Ausschau hielt. Noch nie habe ich ein lebendes Wesen getötet, Insekten nicht mitgerechnet. Als der Vogel getroffen wurde, taumelte er, als ob er ausgerutscht wäre. Dann hörte das Taumeln auf, und er fiel auf die Erde wie ein nasser Sack. Zuerst fühlte ich mich so wie damals, als ich die Blutung an der abgetrennten Hand gestillt habe. Ich lief zu der Stelle im hohen Gras, wo der Vogel aufgeschlagen war, und hob ihn auf. Und dann war dieses Gefühl weg. Ich weiß nicht, warum ich auf ihn geschossen habe. In dem Augenblick, als ich abdrückte, da schien es nur noch zwei Dinge auf der Welt zu geben, mich und diese alte Krähe. Jetzt bin nur ich noch da.

30. Juli, 8 Uhr

Habe beschlossen, nicht den Bus nach Hause zu nehmen, sondern mich allein durchzuschlagen. Nenne das mein erstes Großes Abenteuer. Denke, wenn ich zu Hause ankomme, werde ich Erfahrungen gemacht haben, die ich für meine weitere Entwicklung als notwendig erachte.

Letzte Bemerkung zu dem Pfadfindertreffen: Die Nazis litten unter einer mysteriösen Lebensmittelvergiftung. Die ganze Nacht über hörte man sie brechen und würgen. Habe nie besser geschlafen.

30. Juli, 10 Uhr

Bin zehn Kilometer gegangen, habe noch rund 270 vor mir. Habe noch immer keine erwähnenswerte Erfahrung gemacht. Glaube, es wird bald regnen.

30. Juli, 12 Uhr

Hatte recht mit dem Regen. Warte immer noch auf die erste Erfahrung.

30. Juli, 14.30 Uhr

Bin im Post and Beam Restaurant an der Route 487. Kann den Geschmack eines warmen Kirschkuchens im Mund eines nassen und müden Wanderers nicht beschreiben. Habe auch schon die erste Tasse Kaffee intus, und die zweite. Meine Füße kribbeln und sind sehr unruhig. Möchte sehr schnell laufen und dabei schreien wie ein Indianer. Ich glaube, ich werde dies als meine erste Erfahrung werten.

30. Juli, 16 Uhr

Habe ein Pärchen namens Star und April kennengelernt, beide sind Anfang Zwanzig und reisen in einem VW-Bus. Ich sitze hinten unter einer kleinen Glaspyramide, die an der Decke festgeklebt ist. Laut April verstärkt sie das elektrische Feld, wenn die beiden sich lieben. Erinnere mich nicht daran, im Sexualkundeunterricht davon gehört zu haben.

Star und April sind nach Washington unterwegs, wo sie sich am Tor des Pentagon anketten wollen. Denke, ich reise mit ihnen, solange ich willkommen bin. Im Moment finden sie es angenehm, weil sie noch nie einen richtigen Pfadfinder getroffen haben. Habe ihnen erzählt, warum ich allein reise, und April versprach, sie würden ihr Bestes tun, um mir so viele Erfahrungen wie möglich zu verschaffen. Dann lachten sie beide und nahmen ein paar kleine weiße Tabletten.

30. Juli, 18 Uhr

Ich fahre. Ich habe keinen Führerschein, bin noch nie selbst gefahren und steuere ein Fahrzeug, das jeder Apotheke Konkurrenz machen könnte. April sagte, ich würde das bestimmt können und küßte mich sehr lange und heftig. Werde ich erwischt, verbringe ich wahrscheinlich die meiste Zeit meines Lebens im Gefängnis. Komischerweise macht mir das gar nichts aus. Es hat aufgehört zu regnen. April und Star liegen im Schlafsack unter der Pyramide und schlafen miteinander. In ein paar Stunden halten wir an und schlagen unser Zelt für die Nacht auf.

30. Juli, 23 Uhr

Wir zelten auf einem großen Feld, direkt am Rand eines Waldes. Star schläft draußen auf einem großen Stein. Wollte April gerade erzählen, daß ich noch unberührt bin und daß ihre Hilfe in dieser Angelegenheit höchst willkommen wäre, als sie sich nackt auszog und rausging, um Leuchtkäfer zu jagen. Ich wollte ihr folgen, trat jedoch wenige Schritte vom Zelt entfernt auf einen Stock und schnitt mich in den Fuß. Konnte nichts tun als dasitzen und zuschauen, wie ihr nackter Körper auf Käferjagd im Feld verschwand. Verlor sie aus den Augen, als sie ihren ersten Leuchtkäfer fing. Habe mich angezogen und die Wunde am Fuß gereinigt. Erwarte völlige Heilung. Weiß nicht, ob und wann April wiederkommt. Habe eine Flasche Himbeergeist im Wagen gefunden und meinen Becher gefüllt. Glaube, Star ist gerade von seinem Stein gefallen.

31. Juli, 9 Uhr

Habe mich von Star und April verabschiedet, als sie nach Süden in Richtung Pentagon abbogen. Denn ich glaube nicht, daß es meiner Absicht, Spezialagent zu werden, dient, wenn ich mich auch ans Tor kette.

Ich habe Kopfschmerzen. Letzte Nacht trank ich drei Becher Himbeergeist und mußte mich übergeben, als April mit einem Leuchtkäfer zurück ins Zelt kam. Ich lag da, konnte mich nicht rühren und beobachtete nur das kleine Licht, das über meinem Kopf kreiste. Wollte April erzählen, daß ich noch unberührt bin, aber schaffte es nicht, die Lippen zu bewegen. Dann begann sich der Boden um mich zu drehen, und ich glaube, ich habe geheult. Bin nicht sicher, meine aber, April hatte meinen Kopf in ihren Schoß gebettet. Ich erinnere mich undeutlich, daß ich die Augen öffnete und Brüste durch das Zelt kreisen sah.

Als ich heute morgen aufwachte, saßen Star und April im Bus, aßen Rice Krispies und ketteten sich am Türgriff fest. Ich erklärte ihnen, daß ich mich allmählich nach Hause aufmachen müßte. April sagte, sie wollte mir noch was geben, bevor ich aufbrechen würde. Sie nahm mich an der Hand mit ins Zelt, gab mir dann eine winzige Pyramide und sagte, die sollte ich immer in der Nähe haben, wenn ich mit einem Mädchen schliefe. Dann küßten wir uns, und sie preßte mein Gesicht gegen ihre Brüste, wo ich den ganzen Tag geblieben wäre, wenn sie mich nicht losgelassen hätte. Es ist nur ein Verdacht, aber ich nehme an, April wußte, daß ich noch nie Sex gehabt habe.

31. Juli, 15 Uhr

DAS FOLGENDE IST EIN GESPRÄCH MIT EINEM GEWISSEN ALLEN K. BOYLE, DER DALE AUSSERHALB VON BLOOMSBURG, PENNSYLVANIA, MITNAHM.

DALE: Sprechen Sie bitte hier rein.
ALLEN: Die Sonne stirbt. Ich fahre kreuz und quer durch diesen Staat, und nicht ein Mensch erkennt, daß die Sonne stirbt und die Zeit, wie wir sie kennen, zu Ende geht. Alles, was wir jetzt noch tun, ist völlig bedeutungslos, und kein Mensch will auch nur das Geringste dagegen unternehmen. Kunst, Bücher, Fernsehen, Religion – nichts davon spielt noch irgendeine Rolle. Was wir jetzt dringend tun müssen, ist lernen, wie wir ohne unsere Körper überleben können, wenn die Sonne erst einmal aus ist. Aber niemand will darüber sprechen. Ich habe einen Plan, aber keiner will ihn hören. Alle laufen lieber weiter rum wie bisher und tun so, als würde die Sonne morgen wieder aufgehen, wie sie es heute getan hat. Und wo, glaubst du, werden all diese Leute sein, wenn Frau Sonne nicht aufgeht? In Schwierigkeiten, und sonst nirgends. Aber ich nicht. Allen K. Boyle nicht. Ich habe einen Plan . . .
DALE: Was tun Sie beruflich?
ALLEN: Ich verkaufe Toupets. Wohlgemerkt: Toupets! Ich benutze nie das Wort »Perücke«.

31. Juli, 20 Uhr

ALS ER AUSSERHALB VON READING, PENNSYLVANIA, CAMPTE, LERNTE DALE EINEN MANN NAMENS SPARKS KENNEN.

DALE: Sprich hier rein.
SPARKS: Du machst irgend so 'ne Aufnahme, hä? Scheiße, Scheiße. Weißte, ich war auch mal Pfadfinder, ja, Scheiße, war ich. Das is verflucht lang her . . . Bin jetzt neunundvierzig, bald fünfzig, Scheiße, wenn ich nicht von 'nem beschissenen Zug überfahren werd' oder von 'nem Verbrecher abgemurkst oder irgend so 'ne Scheiße . . . Was willst du, soll ich sagen? Bin im Krieg mit zwei beschissenen Schiffen untergegangen. Scheiß Torpedos. Eins direkt nach'm andern. Seit da keinen anständigen Job mehr gehabt. Nur Scheiße.

Hatte 'ne Frau, bis sie mich zum Kotzen fand und rausschmiß. Bin ihr nicht böse deshalb. War immer 'n verdammtes Arschloch, fast mein ganzes Leben. Sie hatte 'n Kind. Weiß nich mal, wie's hieß, hab's bloß einmal gesehn, wie ich Geld gebraucht hab'. Es fuhr auf 'nem roten Fahrrad im Kreis rum. Weiß nich mehr, ob'n Junge oder 'n Mädchen. Hab kein Geld gekriegt. Glaube, es war 'n Mädchen. Zieh' halt rum, die ganze Zeit. Bin niemand böse. Nein, Sir. Das is alles, was ich zu sagen hab'.

1. August, 21 Uhr

Kam heute nachmittag zu Hause an. Bin froh, wieder in meinem Zimmer zu sein. Mom machte Hühnerfrikassee mit Kartoffelbrei und sagte, wenn ich noch einmal etwas so Verrücktes mache, schlägt sie mich halbtot. Dad saß nur da und sah mir beim Essen zu, aber hinterher fragte er mich, ob ich etwas Interessantes gesehen hätte. Ich sagte, das hätte ich wohl. Er sagte: »Gut«. Dann drückte er mir eine Woche Hausarrest auf.

Die Mondlandung scheint eine starke Wirkung auf ihn gehabt zu haben, denn er glaubt jetzt, er könnte mit dem Drucken von Mondkarten eine Menge Geld verdienen. Schön, wieder zu Hause zu sein. In den Nachrichten kam nichts über das Pentagon. Die Sonne soll morgen um 6.55 Uhr aufgehen. Habe die Pyramide über meinem Bett an die Decke geklebt. Good bye, April.

4. KAPITEL

»Ich erinnere mich, daß Dale diesen Stein an die Decke über seinem Bett geklebt hatte. Hatte irgendwas mit Sex oder Magnetfeldern oder so zu tun. Einmal löste er sich, und Dale hatte eine riesige Beule auf der Stirn. Danach lief er eine ganze Woche mit Hut rum.

Im Herbst '69 fing es an, daß seine Mutter diese entsetzlichen Träume hatte. Ich erinnere mich so genau daran, weil wir einmal bei ihm im Garten übernachteten und von den Schreien seiner Mutter wach wurden. Dale wußte vor allen anderen, daß da etwas nicht stimmte. Ich weiß nicht, woher er das wußte, aber jedenfalls erzählte er mir eines Nachts, daß etwas passieren würde. Und er hatte recht.«

Carl Engler,
Jugendfreund,
Elektriker

1. November, 19 Uhr

Habe seit einiger Zeit das Gefühl, irgend etwas ist nicht in Ordnung. Weiß nicht, was es ist. Mom hatte letzte Nacht wieder diesen Traum. Sie sagte, er wäre beinahe zur Tür hereingekommen. Dad ist sehr beschäftigt, Karten vom Mond zu drucken. Ich fragte ihn nach den Träumen, und er sagte, das verstünde ich wahrscheinlich besser als er selbst. Das tue ich aber nicht und mache mir Sorgen. Mom sagt, alles ist bestens, aber ich weiß, daß sie da nicht die Wahrheit sagt.

15. November, 5 Uhr

St. Joseph's Hospital. Mom ging gestern nach dem Essen früh ins Bett. Sie schien völlig normal zu sein. Bevor sie nach oben ging, sagte sie noch, ich sollte meine Hausaufgaben in Geschichte zu Ende machen. Um Mitternacht weckte Dad mich auf und sagte, wir müßten ins Krankenhaus. Mom war bewußtlos. Die Ärzte meinten, es wäre ein Aneurysma im Gehirn. Sie haben operiert, um den Druck zu verringern, und jetzt können wir nur abwarten, wie es weitergeht.

Wie Dad erzählte, ist sie gegen halb zwölf aufgestanden, um sich ein Aspirin und ein Glas Wasser zu holen. Er hat sie gefragt, ob ihr nicht gut ist, und sie hat geantwortet: »Ach, du weißt schon.« Sonst hat sie nichts gesagt, nur dieses »Ach, du weißt schon.« Ich verstehe das nicht und hasse Krankenhäuser.

15. November, 6 Uhr

Ein Aneurysma ist eine dauerhafte anormale Erweiterung eines Blutgefäßes, die von einer Erkrankung der Gefäßwand herrührt. Es ist nicht so schlimm.

15. November, 8.20 Uhr

Heute früh um sieben hatte Mom eine Gehirnblutung. Die Ärzte haben noch einmal operiert, aber gegen 7.30 Uhr hörte sie auf zu atmen . . . Man brachte sie in ihr Zimmer zurück, und wir haben sie dort gesehen. Sie hatte einen Kopfverband . . . Dad hielt ihre Hand und flüsterte ihr etwas ins Ohr, dann legte er meine Hand zwischen seine und ihre . . . Ich brauche sie noch so sehr, und ich weiß nicht, was ich tun soll. Sie war einfach immer da.

16. November, 15 Uhr

Onkel Al ist gekommen, um auszuhelfen. Die Schlurmans helfen uns auch. Der Kühlschrank ist voller Schinken und Huhn, die Nachbarn haben uns das gebracht. Dad läßt sie verbrennen. Ich habe mein Referat für Geschichte nicht fertig gemacht. Marie kam rüber. Erzählte mir etwas davon, daß Mom jetzt bei Gott wäre. Ich drohte ihr, wenn sie noch ein Wort sagte, würde ich ihr die gottverdammten Zähne einschlagen. Ich will hier raus.

17. November, 22 Uhr

Heute war der Trauergottesdienst. Alle nahmen Abschied. Ein Pfarrer der Unitarier sagte, daß der Geist weiterlebt. Ich glaube, er hatte keine Ahnung, wovon er redete. Anschließend kamen viele Leute zu uns, tranken Punsch und aßen rote Grütze und Schinken. Morgen bringen Dad und ich ihre Asche zu einem kleinen Fluß nördlich von Philadelphia, wo sie vor meiner Geburt öfter waren.

Ich wünschte, mein Bruder Emmet könnte kommen, aber wenn er das Land betritt, wird er sofort verhaftet. Dad hat mit Emmet telefoniert und ihm gesagt, daß er versteht, warum er nicht kommen konnte. Das würde ich auch gern verstehen. Bradley sagt, Emmet wäre ein Feigling. Deshalb wäre er in Kanada. Ich habe Bradley eine geknallt . . . Ich frage mich aber, ob er nicht vielleicht recht hat.

18. November, 18 Uhr

Mom ist zum Meer unterwegs. Kleine graue Bröckchen. Wir nahmen jeder eine Handvoll und warfen sie ins Wasser. Sie versanken, und dann erfaßte sie die Strömung, rollte sie am Grund entlang. Sah einen kleinen Flußbarsch eines fressen und gleich wieder ausspucken. Ein Krebs nahm ein anderes mit seiner Schere und verschwand damit in tieferes Wasser.

Lange standen wir nur da und sahen vor uns hin und lauschten dem Wasser. Dann sagte Dad, daß in ein paar Wochen die Ufer vereisen und etwa einen Monat später der ganze Fluß zugefroren sein wird. Wenn wir dann an dieser Stelle stünden, würden wir keinen Laut hören.

FÜR DEN REST DES JAHRES 1969 EXISTIEREN KEINE BÄNDER.

25. Februar 1970, 20 Uhr

Habe lange nicht auf Band gesprochen. Schien wenig Sinn zu haben. Mom ist nun seit über drei Monaten nicht mehr da. Weiß nicht, was Dad ohne das Mondkarten-Geschäft angefangen hätte. Er spricht fast nur noch über den Mond. Steht jede Nacht vor dem Schlafengehen mit einem Fernrohr auf dem Dach, schaut in den Himmel und zeichnet Krater.

Ich fühle mich jetzt ganz anders. Nichts ist mehr so wie vor ihrem Tod. Meine Freunde nicht, die Nachbarn nicht, die Schule nicht, gar nichts ist, wie es war. Ich würde sehr gern irgendwohin gehen, wo mich keiner kennt und niemand etwas von mir weiß.

19. April, 19 Uhr

Bin sechzehn geworden. Dad schenkte mir ein Rasierwasser. Marie kam vorbei und brachte mir eine Karte mit einem Hund drauf. Es muß bald etwas geschehen, oder ich werde verrückt.

20. April, 21 Uhr

Dad hat einen neuen Mondkrater gefunden und ihm einen Namen gegeben. Er wirkt sehr glücklich.

21. April, 16 Uhr

Zu Beginn der Englischstunde heute stellte Mrs. Peale unsere neue Referendarin vor, Miss Larken. Es war April. Sie hatte die Haare zu einem Pferdeschwanz zusammengebunden. Ihre Brüste waren noch da, wo ich sie das letzte Mal gesehen habe. Wir sprachen nach der Stunde kurz miteinander. Ich fragte sie, was Star macht, und sie sagte, sie hätten einen Streit am Pentagon gehabt und sich seitdem nicht gesehen. Sie meinte, es wäre eine gute Idee, die Quäker nicht merken zu lassen, daß wir uns kennen. Dann fragte sie noch, ob ich mit der Pyramide Erfolg gehabt hätte. Weil ich keinen falschen Eindruck erwekken wollte, sagte ich: »Manchmal.«

Schließlich sagte sie, daß sie sich freut, mich wiederzusehen, und daß ich fleißig lernen müßte, weil sie eine ziemlich strenge Lehrerin sei. Unsere erste Aufgabe ist, ein Sonett zu schreiben. Ich erklärte ihr, daß ich Gedichte weder verstehe noch mag. Sie sagte, sie will ihr Bestes tun, das zu ändern, und ging weg. Ich glaube, ich habe einen wichtigen Schritt nach vorn getan.

23. April, 20 Uhr

In Englisch erklärte April heute der Klasse, daß Gedichte viel mehr sind, als wir bisher in ihnen gesehen haben. Dann las sie ein Gedicht von D. H. Lawrence vor, »Gloire de Dijon«, und schaute mich dabei unentwegt an. Unglücklicherweise erinnere ich mich nur an die letzten paar Zeilen:

Auf ihren Seiten erglüht
Der weiche goldene Schatten, als
Sie sich nach dem Schwamm beugt, und ihre
geschwungenen Brüste
Wiegen sich wie voll erblühte gelbe
Rosen, Gloire de Dijon.

Hatte während Mr. Hords gesamter Geschichtsstunde eine Erektion.

2. Mai, 23 Uhr

Habe mein erstes Gedicht geschrieben. Suche nach einer Balance zwischen dem Erotischen und dem Erhabenen.

Allein in einem Zelt voll von Brüsten
Die über ihm gleich Engeln schweben
Träumt er von Leuchtkäfern und Pyramiden
Und Sternen, die auf Steinen schlafen.

Denke, das wirkt.

3. Mai, 16 Uhr

April ist der Ansicht, daß Dichten nicht unbedingt zu meinen Stärken gehört.

17. Mai, 18 Uhr

Das Schuljahr geht bald zu Ende. Fürchte, meine Chancen schwinden, jemals mit April allein zu sein. Auf dem Halbjahreszeugnis gab sie mir eine Vier. Glaube allmählich, daß sie nur daran interessiert ist, mit toten Dichtern zu schlafen.

25. Mai, 3 Uhr

Bin gerade aus einem Traum aufgewacht, in dem mich Mom besuchte. Sie war nicht mehr so, wie ich mich an sie erinnere. Sie wirkte viel jünger, fast wie ein Mädchen. Ihr Gesicht war glatt und bleich, ihr Haar war lang und fiel ihr auf die Schultern. Sie versuchte, mir etwas zu sagen, aber ich konnte sie nicht verstehen. Sie streckte den Arm aus, berührte meine Hand und war verschwunden.

Als ich aufwachte, bemerkte ich, daß ich einen schmalen goldenen Ring in der Hand hielt. Ich weiß nicht, woher er stammt, und bin ganz sicher, daß er noch nicht da war, als ich ins Bett ging. Ich glaube, sie war hier, und kann es gleichzeitig doch nicht glauben. Solche Dinge geschehen nicht einfach so, es muß eine Erklärung dafür geben, wie es für alles eine Erklärung gibt. Den Ring habe ich in meiner Schreibtischschublade eingeschlossen. Mom ist tot, und das war nur ein Traum. Ich werde nicht daran glauben.

25. Mai, 7 Uhr

Der Ring paßt auf meinen kleinen Finger, als wäre er dafür gemacht. Trotzdem bleibt er im Schreibtisch, bis mir wieder einfällt, woher er stammt.

26. Mai, 21 Uhr

Habe ein altes Foto von Mom aus ihrer Teenager-Zeit im Album entdeckt. An ihrem Finger war der Ring, den ich gestern nacht in meiner Hand gefunden habe. Ich habe Dad danach gefragt, und er erinnert sich, daß Mom ihn am Anfang ihrer Bekanntschaft oft getragen hat. Es war der Ring ihres Vaters, den ihre Mutter ihr gegeben hatte, als ihr Vater starb.

Ich habe Dad gefragt, was mit dem Ring passiert ist, und er sagte, er hat ihn seit Jahren nicht mehr gesehen. Mom hat ihn nicht mehr getragen, seit sie geheiratet haben. Ich weiß nicht, was ich davon halten soll.

3. Juni, 17 Uhr

Habe April heute gesagt, daß ich über etwas mit ihr sprechen muß, was mir Kummer macht. Sie sagte, ich soll zu ihr in die Wohnung kommen. Soll in einer Stunde dort sein. Habe sieben Tassen Kaffee getrunken. Mir ist ein bißchen schlecht. Gebe mir alle Mühe, nicht an Himbeergeist zu denken.

3. Juni, 17.30 Uhr

Mußte ununterbrochen gähnen. Habe noch drei Tassen Kaffee getrunken, um mich aufzumuntern. Meine Füße fühlen sich an, als wollten sie zu meinen Ohren rauskommen.

3. Juni, 23.30 Uhr

War ein paar Minuten zu früh bei Aprils Wohnung, zählte deshalb die Risse im Trottoir. War bei 207, als April sich aus dem Fenster beugte und mich fragte, was ich da tue. Ich erklärte ihr, daß ich die Risse im Trottoir zählte. Sie fragte warum. Ich antwortete, daß ich das selbst nicht wüßte, daß ich gar nichts mehr wüßte. Und dann, bevor ich mich daran hindern konnte, rutschte mir noch heraus, daß ich auch draußen bleiben könnte, wenn ihr das lieber wäre. Wir könnten uns ja durchs Fenster unterhalten, das würde mir nichts ausmachen. Sie kam die Treppe runter, machte die Tür auf und bat mich rein. Ich sagte ihr, daß ich glaube, es wären mehr als 207 Risse in ihrem Trottoir, aber ich wäre nur bis zu dieser Zahl gekommen. Wenn sie jedoch eine komplette Zählung wünschte, würde ich sie gerne zu Ende führen. Sie dankte und meinte, das wäre nicht nötig. Ich sagte »Gut«, und sie sagte »Gut«. Dann gingen wir rein, und sie machte die Tür zu.

Die Wohnung war klein: Wohnzimmer, Schlafzimmer, Bad, eine kleine Eßküche. Wir setzten uns im Wohnzimmer an einen kleinen Tisch, und sie sah mir in die Augen und fragte, was ich wollte. Ich erzählte ihr von dem Traum und dem Ring. Und daß ich sie für die einzige Person halten würde, die mir bei der Suche nach der Lösung helfen könnte. Sie sah mich lange an, stand dann auf, ging in die Küche und kam mit einer Flasche Wein zurück. Und mit Mr. Hord, dem Geschichtslehrer, der Käse geschnitten hatte. »Du hast da ein interessantes Problem«, sagte Mr. Hord.

Ich erzählte April, wie Mrs. Laudner vor ihrem Haus über einen Riß im Trottoir gefallen ist und dabei ihre Nase flach gegen ihre Backe gequetscht wurde, so daß es jetzt immer so aussieht, als ginge sie seitwärts. Ein paar Minuten später verabschiedete ich mich, nachdem Mr. Hord erzählt hatte, wie George Washingtons Holzzähne nach seinem Tod verschwunden waren und seltsamerweise dreißig Jahre später von einem Hausmädchen, das nach heruntergefallenem Kleingeld suchte, unter seinem Bett gefunden wurden.

Noch immer habe ich keine Lösung und ganz offensichtlich wenig Chancen bei April, die meinte, jemand in meinem Alter könnte mir vielleicht besser helfen.

10. Juni, 17 Uhr

Das Schuljahr ist zu Ende. Der Sommer liegt vor uns. Dad ist schwer beschäftigt mit seinen Mondkarten. Sah April ein letztes Mal, bevor sie und Mr. Hord zu einer Kommune in Colorado aufbrachen. Sie wünschte mir Glück und gab mir dann eine Drei in Englisch. Glaube, ich werde meine Studien beschleunigen, damit ich die Schule so schnell wie möglich hinter mich bringe und endlich von hier abhauen kann.

1. Juli, 11 Uhr

Habe gerade erfahren, daß Dad mit den Schlurmans ausgemacht hat, gemeinsam in die Pocono-Berge zu fahren. Habe verschiedene Möglichkeiten geprüft, mich abzusetzen, doch es sieht trübe aus. Er hat das Scrabble-Spiel eingepackt. Marie hat ihre Bibel eingepackt. Ich bin verraten und verkauft.

4. Juli, 15 Uhr

Am Promised Land Lake angekommen. Die Schlurmans rudern in einem Boot langsam im Kreis. Dad liegt auf der Couch auf der Veranda und schläft. Glaube, Marie versucht gerade, die Tiere des Waldes zum Christentum zu bekehren. Gemeinsames Kochen am Lagerfeuer mit anschließendem Sackhüpfen und Feuerwerk ist für später geplant. Das ist mehr, als ich mir je erträumt hätte.

4. Juli, 16 Uhr

Marie liegt draußen auf dem See auf ihrer Luftmatratze und liest in einer wasserfesten Bibel. Observierte sie eine Zeitlang mit Tauchermaske und Schnorchel beim Schwimmen. Hatte das Verlangen, sie an den Beinen zu packen und in den Schlamm hinunterzuziehen.

4. Juli, 19 Uhr

Das Essen ist vorbei, warten jetzt auf das Feuerwerk. Bemerkte, daß mir Marie beim Vorbereiten ihres Hot Dog Blicke zuwarf, während sie langsam den Spieß in das Würstchen steckte. Das muß Einbildung sein. Ich bin einfach schon zu lange in der Wildnis.

5. Juli, 1 Uhr

Der folgende Bericht ist so wahrheitsgetreu, wie mein Erinnerungsvermögen es im Augenblick zuläßt:

Um ungefähr 21 Uhr begaben sich die Schlurmans und Dad an Bord eines Ruderbootes und stachen in See, um das Feuerwerk anzuschauen. Ich war gerade dabei, ein anderes Boot klarzumachen, als ich Marie sagen hörte: »Wir Kinder bleiben an Land.« Ich schaute um mich und erkannte rasch, daß damit nur Marie und ich gemeint sein konnten. Unsere Eltern winkten und legten ab. Ich schaute Marie an, sie schaute mich an und rannte in den Wald.

In der Welt der Pfadfinder mehren sich die Stimmen, die behaupten, das Fährtenlesen wäre überholt. Dem kann ich ganz und gar nicht zustimmen. Die Fähigkeit, einer Spur zu folgen, ist fundamental für das Verstehen der Welt.

Maries Spur war deutlich zu erkennen. Sowohl, was die Richtung, als auch, was ihre Absichten anlangte. Nach knapp fünfzig Metern im Wald fand ich ihr erstes Wegzeichen und nahm es an mich. Es war ihre Bluse, die an einem Baum hing. Die erste Rakete explodierte irgendwo im Süden.

Fünfundzwanzig Meter weiter ein weiteres Zeichen: ihre Bermudashorts. Ich beschleunigte meine Schritte. Ein Schuh kam als nächstes, dann noch einer. Vom See her konnte ich die ersten Ohs und Ahs hören, als ein großer Schwärmer explodierte. An einem Zweig vor mir hing ein weißes Söckchen mit Gänseblümchenmuster. Ich sammelte es ein und bahnte mir vorsichtig einen Weg um einen großen Baum herum und unter einer Baumfalle hindurch auf eine kleine Lichtung. Marie erhob sich aus dem Gras, öffnete ihren BH und ließ ihn zu Boden gleiten. Obwohl ich mich nicht mehr daran erinnere, muß ich in der Zwischenzeit alle meine Sachen ausgezogen haben. Nun standen wir nur Zentimeter voneinander entfernt, ihre Brüste berührten meine Haut.

»Glaubst du an Gott?« fragte Marie.

Ich antwortete mit einem ganz festen Ja. Sie lächelte, küßte meine Brust, ließ dann ihre Zunge an meinem Körper hinabwandern bis zu meinem Penis und nahm ihn in den Mund.

Die Explosion, die darauf folgte, war anders als alle, die ich bisher erlebt hatte. Die Rakete landete keine zehn Meter von uns entfernt und explodierte mit einem Druck, der mich umwarf. Die kleineren Feuersterne explodierten nacheinander und flogen überall in der Luft herum. Ich glaube, an diesem Punkt hörte Marie mit dem Lutschen auf und begann zu schreien. Ich zog sie herunter und versuchte, sie zu decken und so gut es ging gegen die Geschosse zu schützen, die rings herum um uns landeten. Es war reines Glück, daß wir keinen Volltreffer abkriegten. Sie landeten links und rechts von uns und über uns in den Bäumen. Dann war plötzlich alles still. Ich sagte zu Marie, daß jetzt alles in Ordnung wäre, nichts mehr passieren könnte. Sie setzte sich auf, schaute mich an, wischte sich eine Träne weg und stieß einen hohen Schrei aus, so hoch, daß er fast schon unhörbar war. Dann rannte sie weg, in die Nacht hinein.

Wenige Naturkräfte sind so furchterregend wie Feuer. Besonders, wenn man nackt ist. Der Kampf, der nun folgte, dauerte fast eine Stunde lang. Was von meinen Hosen noch übrig ist, reicht gerade für ein Taschentuch. Die Hoffnung, daß Marie weggerannt war, um Hilfe zu holen, erwies sich bald als trügerisch. Mit nichts als meinen Kleidern als Waffe fochten das Feuer und ich einen erbitterten Kampf aus. Ich rannte auf der Lichtung hin und her, von einem Brandherd zum nächsten. Mein Hemd verlor ich an eine kleine Kiefer, Maries Bluse an eine Berberitze, und den größten Teil meiner Hose büßte ich auf einem größeren Stück Gras ein. Glaube, daß Maries BH und Söckchen auch unter den Opfern sind, da sie sie nicht mehr wiederfinden konnte, als das Feuer dann endlich aus war.

Maries angekohlte Tennisschuhe stellte ich vor die Hütte der Schlurmans. Als ich zurückkam, warf Dad einen Blick auf mich, und fragte, was mit meinen Hosen passiert wäre.

»Waldbrand«, antwortete ich.

Er nickte und dachte einen Augenblick nach. Dann stimmten wir beide darin überein, daß Feuer eine gefährliche Angelegenheit ist, die man nicht auf die leichte Schulter nehmen darf.

5. Juli, 11 Uhr

Habe heute früh mit Marie gesprochen. Sie bedankte sich, daß ich ihre Tennisschuhe gerettet habe, und sagte, es würde ihr leid tun, daß ich in die Stadt zurückfahre. Dann schwamm sie mit ihrer Luftmatratze raus und las in ihrer Bibel.

Ich habe letzte Nacht gelogen. Ich glaube nicht an Gott, höchstens an einen, der massiv gegen mich arbeitet.

12. Juli, 21 Uhr

Tat den letzten Schritt zum Kornett, indem ich eine fünfminütige Rede über Brandbekämpfung und Vorbeugemaßnahmen gegen Feuer hielt. Der Leiter sagte hinterher, ich hätte mein Thema mit Spannung und Leben erfüllt, wie er es selten erlebt hat.

14. Juli, 23 Uhr

Erhielt eben die Nachricht, daß Marie heute früh im Promised Land Lake ertrunken ist. Sie hat sich offenbar bei einem Kopfsprung vom Steg am Kopf verletzt. Zu diesem Zeitpunkt war sie allein, so daß niemand bemerkte, daß sie in Not war. Als sie gefunden wurde, war es zu spät.

Ich glaube nicht mehr an das Gute in der Welt. Was gut ist, stirbt entweder oder wird getötet. Ich weiß, daß ich sie hätte retten können, wenn ich dagewesen wäre. Ich weiß aber auch, daß solche Gedanken zwecklos sind und daß sich nichts ändert, nur weil man es sich wünscht. Marie ist tot, und ich fühle mich leer und bin traurig.

»Danke, daß du meine Tennisschuhe gerettet hast«, werden die letzten Worte bleiben, die ich von ihr gehört habe.

»Nicht der Rede wert«, habe ich geantwortet.

Ich möchte es in meiner Erinnerung besser machen. Ich möchte mich daran erinnern, all die Worte gesagt zu haben, die ich nie ausgesprochen habe und doch jedem Menschen sagen wollte, den ich je gekannt habe.

»Mach deine Hausaufgaben in Geschichte noch fertig.«

»Danke, daß du meine Tennisschuhe gerettet hast.«

LÄNGERES SCHWEIGEN.

Nicht der Rede wert.

17. Juli, 22 Uhr

Marie wurde heute in einem silbern glänzenden Sarg begraben. Große weiße Wolken standen am Himmel. Das hätte ihr gefallen.

20. Juli, 1 Uhr

Verstehe nicht, was das alles bedeutet.

2. August, 4 Uhr

Kann nicht schlafen, kann nicht schlafen, kann nicht schlafen.

15. August, 3 Uhr

Habe heute nacht lange mit Dad gesprochen. Sind uns einig, daß sich etwas ändern muß, oder ich verliere mein letztes bißchen Verstand. Dad findet irgendwie immer die richtigen Worte. Sagte ihm, daß ich mich schuldig fühle, weil ich nicht in Marie verliebt war, und daß sie sonst vielleicht noch am Leben wäre. Er sagte, die einzige Wirkung der Liebe auf den Tod sei die, ihn noch schmerzhafter zu machen. Dann sagte er mir, daß der französische Bauer, den sie im Krieg erschossen haben, kein Kollaborateur war, sondern daß die Dorfbewohner, die ihnen das erzählt hatten, ihm bloß Geld schuldeten. Lange Zeit saßen wir nur schweigend da. Und dann sagte er, daß wir alle scheitern und daß wir immer wieder scheitern werden. Das wäre eben so in der Welt.

11. September, 9 Uhr

Habe alle Prüfungen des Abschlußexamens der Schule hinter mir. Dad schenkte mir tausend Dollar und sagte, das würde mir zu einem guten Start verhelfen. Weiß nicht, wohin ich gehe und auch nicht, für wie lange. Ich weiß nur, daß ich an nichts mehr glauben kann und unbedingt etwas finden muß, das mir den Glauben zurückgibt, oder ich höre auf zu existieren. Ich weiß, es gibt Leute, irgendwo auf der Welt muß es Leute geben, die Antworten haben.

Dad sagte, ich muß stets auf zwei Dinge achten, ganz egal, wo ich hingehe: verdorbenes Wasser und Schlangen. Ich versprach ihm, daß ich auf beiden Gebieten vorsichtig sein werde. Dann umarmten wir uns sehr lange, und er ging zur Arbeit, um noch mehr Mondkarten zu drucken. Ich hoffe, es geht ihm gut, während ich weg bin.

Habe beschlossen, das Tonbandgerät nicht mitzunehmen, es wäre unpraktisch, und ich habe nicht das Gefühl, daß ich es als Gesprächspartner wie in den letzten Jahren brauche. Auf dem Weg aus der Stadt schaue ich bei Maries Grab vorbei, um eine Nachricht und die kleine Glaspyramide zu hinterlassen, die mir April geschenkt hat. Habe auch ein bißchen gerechnet. Wenn ich meinen ersten Ozean überquere, dann wird wohl der leichtere Teil von Moms Asche gerade ins Meer fließen.

Gestern nacht ist etwas Seltsames passiert. Beim Aufwachen fand ich ihren Ring wieder an meinem Finger. Und dort bleibt er jetzt auch.

EINIGE SEKUNDEN SCHWEIGEN.

Hier ist Dale Cooper.

2. TEIL

1. KAPITEL

AM 10. SEPTEMBER 1970 LEGTE DALE DIE RESTLICHEN PRÜFUNGEN FÜR SEINEN SCHULABSCHLUSS AB. AM 11. MACHTE ER EINE LETZTE AUFNAHME. DANN BESTIEG ER IN DER GERMANTOWN ROAD EINEN BUS UND WURDE DREI JAHRE LANG NICHT MEHR GESEHEN. DIE FOLGENDEN BRIEFE AN SEINEN VATER SIND DER EINZIGE HINWEIS AUF SEINE LEBENSUMSTÄNDE WÄHREND DIESER ZEIT.

1. Januar 1971

Lieber Dad,
Wasser ziemlich schlecht, habe keine Schlangen gesehen. Gesundheitlich alles bestens. Der Mond ist sehr hell. Würde gerne gute Schokolade essen. Hoffe, es geht Dir gut.

Küßchen,
Dale

1. Januar 1972

Lieber Dad,
Schlangen sehr übel. Das Wasser ist gut. Habe paar hübsche Felsen gesehen. Brauche ein gutes Schiff.

Küßchen,
Dale

1. Januar 1973

Habe aufgehört zu suchen.

Dale

3. TEIL

1. KAPITEL

»Erst im Frühjahr '73 habe ich Dale wiedergesehen. Ich hatte gerade einen Dodge Charger gekauft, dunkelblau mit silbernen Rallyestreifen. Ich mußte an einer roten Ampel halten, und da war er. Stand an einer Ecke der Germantown Road, trug einen schwarzen Anzug. Ich habe sofort gemerkt, daß er nicht mehr der Dale war, den ich drei Jahre vorher gekannt hatte. Er wirkte älter, stärker, und in seinen Augen lag eine Kraft, die ich zuvor nie wahrgenommen hatte. Ich erinnere mich, daß ich ihn gefragt habe, wie die Reise war, und er antwortete bloß: »Verdammt gut.« Ich weiß nicht, was er da in der Welt gesehen oder getan hat, aber ganz offensichtlich muß es eine gewaltige Erfahrung gewesen sein. Ich kann mir nur vorstellen, daß es so ähnlich war wie bei mir mit diesem Autounfall, wegen dem ich dann Pfarrer geworden bin.«

Bradley Schlurman,
bester Freund,
Pfarrer

19. April 1973, 21 Uhr

Mit dem Mondkarten-Geschäft scheint es bergab gegangen zu sein. Ansonsten wirkt Dad ganz munter. Werde nicht versuchen, die Ereignisse der letzten drei Jahre aufzuzeichnen. Ich sage nur, das Universum ist eine schimmernde Perle, und man muß es nicht verstehen.

Habe die folgenden Veränderungen während meiner Abwesenheit bemerkt: die Schuhabsätze sind höher; die Nerven angespannter; Markisen scheinen an Popularität zu verlieren; Vertrauen und Ulmen verschwinden; und J. Edgar Hoover ist tot. Weiß nicht, ob zwischen einigen oder allen diesen Dingen ein Zusammenhang besteht.

Bin nicht sicher, welche Richtung mein Leben von diesem Punkt aus nehmen wird. Ich habe keine Gewißheit außer der einen: Wenn man glaubt zu wissen, wohin man unterwegs ist, bedeutet das nur, daß man nicht weiß, wo man sich gerade befindet. Trotzdem gibt es mehrere Dinge, die mich interessieren: der Zirkus, Rätsel und Sex.

7. Mai, 19 Uhr

Habe die Aufnahmeprüfung fürs College gemacht, falls ich mich dort statt im Zirkus wiederfinde. Glaube, daß beides mir große Möglichkeiten eröffnet, meinen bereits erwähnten Interessen nachzugehen. Habe mehrere Ungenauigkeiten im sprachlichen Teil der Prüfung festgestellt und sie an die Prüfungskommission weitergegeben.

Ich weiß, daß es viele Jahre lang meine feste Absicht war, ins FBI einzutreten. Ich muß zugeben, meine Erlebnisse der vergangenen Jahre haben mich nicht zu der Überzeugung gebracht, daß das Gute das Böse besiegen kann oder wird. Das ist keine pessimistische Grundhaltung, sondern schlicht eine Beobachtung, die aus meinen eigenen Erfahrungen der Realität resultiert.

20. Mai, 19 Uhr

Habe meine Prüfungsergebnisse bekommen. Glaube, daß die Konzentrationstechniken, die ich mir auf meinen Reisen aneignete, einiges gebracht haben. Bekam in Englisch und Mathe eine Eins. Ich meine, daß solche Prüfungen zur wahren Beurteilung eines Menschen wenig taugen. Eine bessere Prüfung ist die Aufgabe, das eigene Bewußtsein zu leeren. Ein Sprung von einem Bambusturm, den Knöchel mit einer Liane festgebunden, brächte uns sicher eine bessere Spezies von Studenten in die Colleges.

30. Mai, 23 Uhr

Werde mir für den Sommer eine Arbeit suchen. Habe eine Liste von Fähigkeiten zusammengestellt, die mir helfen sollen, unbedingt benötigte Mittel heranzuschaffen.

1. Feuer machen
2. Landkarten lesen
3. Gehen
4. Messer werfen
5. Singen
6. Atem kontrollieren
7. Brot backen
8. Jonglieren
9. Reis pflanzen
10. In kleinen dunklen Räumen sitzen

Das sollte mehr als ausreichend sein, um eine interessante Arbeit zu finden.

10. Juni, 21 Uhr

Habe einen Job bekommen. Grabe Löcher, um Bäume einzupflanzen. Könnte nicht glücklicher sein. Heute achtzehn gute Löcher gegraben. Mein Partner beim Graben ist ein etwa fünfzigjähriger Mann, der wahrscheinlich schon einmal im Gefängnis war, jedenfalls glaube ich das, wegen einer Tätowierung auf seinem Unterarm. Er ist schwarz, kommt aus dem Süden und hinkt leicht. Das ist alles, was ich im Moment über ihn weiß. Wir haben acht Stunden lang zusammen gegraben, ohne ein Wort zu reden. Ich glaube, ich kann von diesem Mann viel lernen.

12. Juni, 20 Uhr

Stelle fest, daß meine Fähigkeiten im Messerwerfen auf ein kaum mehr befriedigendes Niveau gesunken sind. Habe bei einer Wette mehrere Dollar an meinen Grabungspartner verloren. Er heißt Jim. Er hat bei zehn Versuchen zehnmal das Ziel getroffen, während ich bei meinem zehnten Versuch daneben warf und meine Stiefelspitze spaltete. Jim sagte, ich sähe das Ziel nicht. Ich fragte ihn, ob er Zen praktiziert, und er sagte, er würde einzig und allein das Überleben praktizieren.

18. Juni, 1 Uhr

Habe Jim heute abend in eine ziemlich heruntergekommene Gegend in der Innenstadt begleitet, wo er sein Zimmer hat. Obwohl ich schon weit herumgekommen bin, habe ich noch nie so etwas gesehen wie dieses Zimmer. Es war klein, vielleicht drei mal vier Meter. Ein Bett, ein Tisch, sonst keine Möbel. Eine nackte Glühbirne hing an der Wand. Es war voll bis unter die Decke von Kisten mit Papier, das Jim in den letzten zwanzig Jahren beschrieben hat, so sagte er wenigstens. Er nannte es seine Erinnerungen. Niemand hat das je zu Gesicht bekommen. Er sagte, ich wäre der erste. »Nur, damit es jemand weiß und sich daran erinnert.« Dann sagte er mir, ich hätte ein gutes Loch gegraben und sollte jetzt von hier verschwinden, bevor jemand auf die Idee käme, daß da etwas Verdächtiges vor sich ginge.

Auf der Busfahrt nach Hause wurde mir die Bedeutung dieses Besuches klar. Als ich endlich einen Bus fand, der mich in die Stadt zurückbrachte, da war es schon zu spät. Die Feuerwehr war schon am Aufträumen. Jims Zimmer und ein paar andere drum herum existierten nicht mehr. Die Feuerwehrmänner sagten, das Zimmer hätte gebrannt wie Zunder. Sie konnten nicht viel mehr tun als zu verhindern, daß das gesamte Gebäude abbrannte. Man hat Jims Leiche in seinem Zimmer nicht gefunden, aber niemand hatte ihn das Haus verlassen sehen. Die Feuerwehrmänner vermuten, die Hitze war wegen des ganzen Papiers so groß, daß nur eine gerichtsmedizinische Untersuchung des Zimmers irgendwelche Überreste zutage bringen wird.

Ich glaube nicht, daß sie etwas finden werden. Als ich dastand und zusah, wie die Feuerwehrleute ihre Schläuche wieder aufrollten, tauchte in einer engen Gasse auf der anderen Straßenseite ganz kurz ein Schatten auf. Dann bemerkte ich etwas, das wie gedämpftes Weinen klang. Ich bahnte mir einen Weg durch die Menge auf die Gasse zu und erkannte beim Näherkommen bald, daß es kein Weinen war, sondern Gelächter. Als ich in der Gasse ankam, war sie leer. Ich rief und schaute mich gründlich um, aber vergebens. Alles, was ich fand, war ein frisch gespitzter Bleistift, an der Stelle, von der das Lachen kam. Eine Botschaft, vermute ich.

1. Juli, 19 Uhr

Wurde von einem kleinen Wanderzirkus abgelehnt, bei dem ich mich schriftlich beworben hatte. Der Direktor gab zu bedenken, daß jemand, der ein Bewerbungsschreiben an einen Zirkus abfaßt, vermutlich nicht der Richtige für diesen Beruf ist. Er sagte auch, daß er mit Messerwerfern handeln könnte und im Moment nur eine bärtige Frau suchte. Ich habe deshalb ein Angebot angenommen, aufs Haverford College außerhalb von Philadelphia zu gehen.

Ich sollte noch vermerken, daß ich sehr enttäuscht bin über das Maß an Sex, das sich mir seit meiner Rückkehr geboten hat. Scheine nicht viele Frauen kennenzulernen, während ich Löcher grabe. Und meine Neigungen zur stillen Meditation sind dem Kontakt zum anderen Geschlecht auch nicht unbedingt förderlich. Frage mich, ob es nicht ein Fehler ist, ein reines Jungencollege zu besuchen.

6. Juli, 8 Uhr

Dad wachte heute früh mit dem Entschluß auf, daß wir beide noch eine kleine Reise unternehmen sollten, bevor ich aufs College gehe. Ich wies ihn vergeblich darauf hin, daß meine Schule nur ein paar Kilometer entfernt ist. Nun brechen wir heute vormittag zum Mount Rushmore* auf. Das beendet meine Karriere im Löchergraben. Gute, ehrliche Arbeit. Aber es war nicht mehr dasselbe, seit Jim in die Nacht verschwunden ist.

9. Juli, 13 Uhr

Dad hielt einen langen Vortrag darüber, daß Lincoln sich bestimmt nicht gerne so verewigt gesehen hätte – ein großes Stück Granit, das an einem Berg hängt und dem das Regenwasser von der Nase tropft.

9. Juli, 22 Uhr

Kampieren im Custer State Park. Dad hat sich schon hingelegt und schläft tief und fest im Zelt. Habe den wahren Grund entdeckt, warum Dad diese Reise machen wollte. Sah ihn vor dem Plan mit den Gesichtern der Präsidenten stehen, ein Schild in der Hand mit der Aufschrift: »Gebt es den Sioux zurück.« Er stritt sich mit einem Rentnerehepaar aus Indiana, das kurz davor war, ihm ihre Fotoapparate an den Kopf zu werfen. Nach einigen Minuten hitziger Diskussion überredete ich ihn, eine Form des Protestes zu wählen, bei der die Gefahr von Verletzungen geringer wäre. Wußte immer, daß Dad ein bißchen unkonventionelle Ansichten hat, doch ist dies eine

* *Nationale Gedenkstätte der USA in den Black Hills von South Dakota. Am Mount Rushmore wurden zwischen 1927 und 1941 die Köpfe der US-Präsidenten George Washington, Thomas Jefferson, Abraham Lincoln und Theodore Roosevelt aus dem Gestein herausgemeißelt. A. d. Ü.*

neue Ausdrucksform, die ich bisher noch nicht an ihm entdeckt hatte.

Als Kompromiß fanden wir ein ziemlich verstecktes Stoppschild und zersägten es. Danach wirkte er wesentlich entspannter und hatte viel Spaß beim Grillen und bei philosophischen Gesprächen. Morgen geht's nach Hause zurück, und ich werde darauf bestehen, keine weiteren Denkmäler mehr zu besichtigen. Habe noch nie mit Dad zusammen ein Gesetz gebrochen. Auf eine seltsame Art war das höchst befriedigend. Doch mache ich mir Sorgen, daß er ohne Mom seiner Interessen wegen in Schwierigkeiten gerät.

15. Juli, 23 Uhr

Sind ohne weiteren Zwischenfall nach Hause gekommen. Dad ist froh, wieder in seinem Laden zu sein. Tatsächlich fand er bei seiner Rückkehr einen Auftrag vor, Kalender für den National Park Service zu drucken. Auf der Welt geht es schon sehr merkwürdig zu.

21. August, 23 Uhr

Bin heute nach Haverford gefahren. Ließ die Besichtigungstour aus und gab statt dessen eine Kopie meiner Vorschläge zur Verbesserung des Lehrplans beim Präsidenten ab. Denke, das wird der Schule nützen. Er wirkte kooperativ und wie jemand, mit dem ich arbeiten könnte. Erwarte mir eine fruchtbare Beziehung.

Beobachtete, wie die Studenten sich auf einen Wettkampf mit einem anderen College einstimmten. Eine große Gruppe von ihnen skandierte »Kill, Quakers, kill, kill, Quakers, kill«, als das Football-Team vorgestellt wurde. Eine andere Gruppe schrie gleichzeitig: »Kill Nixon, kill Nixon.« Erinnere mich aus meinem Religionsunterricht an nichts dergleichen. Habe ein Appartement für mich in einem der Wohnheime auf dem Campus akzeptiert. Die College-Leitung ist wie ich selbst der

Ansicht, daß meine Erfahrungen mich für Führungsaufgaben qualifizieren. Ich werde schon bald die Aufsicht über einen ganzen Flur von Achtzehnjährigen haben.

12. September, 10 Uhr

Habe gepackt und bin unterwegs in mein Appartement auf dem Campus. Dad hat mir ein neues Tonbandgerät geschenkt, das nur noch so groß ist wie ein Notizbuch und Kassetten statt Spulen verwendet. Er riet mir, hart zu arbeiten und nichts von dem verdammten Zeug zu glauben, was sie einem erzählen.

15. September, 6 Uhr

Glaube, daß die Mehrheit der Studenten auf meinem Flur nicht an einer höheren Bewußtseinsebene interessiert ist, wenn sie nicht durch irgendwelche Chemikalien erreicht werden kann. Aus dem Schweigen entnehme ich, daß niemand mehr den Flur zu beherrschen versucht und die letzte Büchse Bier endlich ausgetrunken ist. Trotz meiner Erfahrungen mit einer ganzen Anzahl von bewußtseinsverändernden Pilzen und natürlichen Pflanzenextrakten, die von uns als primitiv bezeichnete Kulturen benutzen, konnte ich nie Stammesriten beobachten, die den Orgien einer größeren Gruppe von achtzehnjährigen Amerikanern, wenn sie das erste Mal von zu Hause weg sind, auch nur im entferntesten gleichkämen.

Als sie anfingen, sich von Kopf bis Fuß in Klopapier einzuwickeln und zu schreien: »Wir wollen Frauen«, stießen meine Versuche, mit Vernunft und ruhiger Diplomatie etwas auszurichten, auf taube Ohren. Ich zog mich in die relative Stille meines Zimmers zurück und las in den Schriften eines Mönchs, der siebenunddreißig Jahre lang allein auf dem Gipfel eines Berges gelebt hatte, um ein tieferes Verständnis der Welt zu erhalten. Seine wichtigste Erkenntnis, als er herunterkam, war, daß man vom Gipfel eines Berges sehr weit sehen kann, wenn es nicht bewölkt ist. Wegen seiner radikalen Ideen wurde er verhaftet und starb ein paar Jahre später im Gefängnis. Die einzige schriftliche Äußerung, die sich aus dieser Periode erhalten hat, ist der Satz: »In einem Gefängnis gibt es keine Wolken.«

Glaube, ich mache einen Ausflug zum Mädchen-College Bryn Mawr, in der Hoffnung, dort Kontakt zu denkenden menschlichen Wesen aufzunehmen.

16. September, 9 Uhr

Leide an den schlimmsten Folgen von Alkoholmißbrauch, die ich je erlebt habe. Habe in Bryn Mawr bei einer Versammlung Kontakt mit einer Gruppe von Studentinnen aufgenommen. Wir vertieften uns in eine weitgespannte Unterhaltung, die sich über mehrere Flaschen Tequila, Rum mit Cola, Bier und Whisky erstreckte. Außerdem nahmen wir noch eine Mixtur aus gewöhnlichen Haushaltschemikalien zu uns, die eine der Frauen selbst zubereitete. Zwar befand sich die Gruppe auf einer weit höheren intellektuellen Ebene als die Studenten in meinem Wohnheim, doch war ich nicht auf die Tatsache vorbereitet, daß Frauen in der Regel unzivilisierte Wilde sind. Zumindest diejenigen, die Philosophie studieren. Glaube, ich habe eine ziemliche Zuneigung zu einer Studienanfängerin verspürt, die entweder Komparatistik oder Jura studiert. Erinnere mich nicht an ihren Namen und bin nicht einmal sicher, ob ich sie wiedererkennen würde. Glaube, sie war entweder blond oder rothaarig. Werde versuchen, noch einmal nach Bryn Mawr zu gehen, wenn meine Beine wieder mitmachen.

25. September, 21 Uhr

Habe die Prüfungen in den Fächern, für die ich mich eingeschrieben hatte, abgelegt und vereinbart, nun unabhängig interdisziplinär weiterzustudieren. Im allgemeinen muß man den Professoren einen hohen Standard attestieren, obwohl viele von ihnen an einer charakterlichen Unentschiedenheit zu leiden scheinen. Bisher ist es mir nicht gelungen, die Frau wiederzutreffen, der ich möglicherweise in dieser Nacht in Bryn Mawr begegnet bin. Glaube fest, daß sie existiert und nicht nur ein Produkt meiner sexuellen Frustration ist.

Telefonierte heute früh mit Dad, alles scheint in Ordnung zu sein. Die Plakate mit dem Slogan: »Gefängnis für Nixon« sind ein Bombengeschäft. Werde am Wochenende mit ihm zu Mittag essen.

26. September, 3 Uhr

Eben aus einem Traum aufgewacht. Ich saß in einem dunklen Zimmer. Es hatte eine Tür mit einem Riß, durch den Licht hereindrang. Draußen konnte ich Stimmen hören. Eine, dachte ich, gehörte meiner Mutter. Die andere war nur undeutlich zu vernehmen. Ich glaube, es war der Tod. Mom versuchte die Tür zu öffnen und zurück ins Zimmer zu kommen. Der Türgriff drehte sich. Ich hörte sie meinen Namen rufen, und da erkannte ich, daß es nicht meine Mutter war, sondern Marie. Ich hörte sie sagen: »Bitte, ich bin noch nicht soweit.« Dann wurde ihre Stimme leiser und leiser, bis sie ganz verstummte. Ich hoffe, Marie hat Frieden gefunden, glaube aber, das hat sie zumindest im Moment noch nicht. Ich frage mich, was sie weiß, das die Menschen innerhalb der physikalischen Welt niemals verstehen werden.

20. Oktober, 17 Uhr

Bin heute wieder in Bryn Mawr gewesen, um nach der Frau zu suchen, die ich damals kennengelernt habe; da bin ich mir jetzt sicher. Saß über eine Stunde in der Studentenversammlung, doch umsonst. Auf dem Rückweg nach Haverford kam ich an einem Hockeyfeld vorbei und wurde von einem Ball am

Kopf getroffen. Dann habe ich entweder einen Augenblick lang das Bewußtsein verloren oder war ein Schildermaler in einem kleinen mexikanischen Dorf. Beim Erwachen fand ich mich in eine Vision der Schönheit versunken. Sie trug einen Schottenrock und hatte einen sehr großen Holzschläger in der Hand. Ich glaube, ich sagte ihr, daß ich sie liebte, oder aber ich war wieder in das mexikanische Dorf zurückgekehrt und schrie einen Hund an, der meinen Farbeimer umgeworfen hatte. Sie heißt Andy, hat blaue Augen und rotes Haar, und ich habe ihr offenbar nicht gesagt, daß ich sie liebe, denn sie entschuldigte sich wegen des Farbeimers. Nachdem wir etwas Eis für meinen Kopf aufgetrieben hatten, unterhielten wir uns kurz und verabredeten, uns morgen abend bei dem Feuer zum Schulabschlußfest zu treffen. Dann nahm sie wieder an dem Hockeymatch teil und legte eine gegnerische Stürmerin mit einem knallharten Bodycheck flach.

21. Oktober, 20 Uhr

Der Holzstoß für das Feuer ist etwa fünf Meter hoch. Studenten stehen darum herum, darunter viele händchenhaltende Pärchen, und starren auf die Fackeln, die das Feuer entzünden sollen. Alle notwendigen Vorsichtsmaßnahmen scheinen getroffen zu sein. Meiner Erfahrungen wegen ist mir ziemlich mulmig bei dem Gedanken, eine Frau im näheren Umkreis eines Feuers zu treffen. Die Fackeln sind in den Holzstoß gesteckt worden. Feuer und Rauch steigen auf. Spüre einen bestimmten Drang in der Luft . . . nein, eher schon Raserei. Ich hoffe, sie . . .

22. Oktober, 5.30 Uhr

Die Sonne geht wie eine weiche, warme Orange am Osthimmel auf. Obwohl es auf den ersten Blick nicht anders aussieht als bei zahllosen Sonnenaufgängen, die seit Jahrtausenden jeden neuen Tag begrüßen, bin ich doch ganz sicher, daß keiner je diese Kraft gehabt hat. Andy betrat den Lichtkreis, den das Feuer beschrieb, gerade in dem Augenblick, als die Flammen die Krone des Holzstoßes erreichten. Wir wechselten nur wenige Worte. Ich erzählte ihr, wie ich in einem fremden Land mit einer ganz anderen Kultur barfuß über glühende Holzscheite gegangen war. Sie erzählte mir, daß ihr Vater bei der Feuerwehr ist. Viele Minuten lang küßten wir uns am Feuer. Dann, als hätten wir denselben Gedanken, standen wir auf und gingen aus dem Lichtkreis ins Dunkel.

Ich weiß nicht, wo wir uns liebten. Wir rannten einfach in die Dunkelheit, weg vom Feuer. Wir kamen an einen Platz, den einige hohe Bäume vom Mondlicht abschirmten. Wir küßten uns. Unsere Kleider schienen ohne die leiseste Berührung von uns abzufallen. Wir lagen im hohen Gras, das uns ganz zu umschlingen schien und unsere Körper bedeckte wie Schlangen. Ihr Körper bog und wand sich neben meinem, als hätten wir mehr Jahre miteinander verbracht, als jeder von uns auf der Welt ist. Ein Zweig stach mich in die rechte Hinterbacke, so daß wir einen Moment pausieren mußten, bis Andy mit Druck die Blutung gestillt hatte.

Dann machten wir weiter, erforschten jeden Winkel unserer Körper, bis zu der Sekunde, als ich in sie glitt. Meine Gedanken waren erfüllt von Delphinen, die aus der Oberfläche des Ozeans schnellten und wieder eintauchten, während wir uns zusammen wanden und herumrollten. Da merkte ich plötzlich, daß wir eine flache Böschung hinabgerutscht waren und in einem seichten Bach lagen. Andy fing an zu schreien: »Ja! Ja! Ja!«, mit einer Intensität an Überzeugung und Lautstärke, wie ich sie noch nie erlebt hatte. Danach erinnere ich mich nicht mehr an allzuviel, außer daß ich meinte verstanden zu haben, wie es ist, wenn man die Schallmauer durchbricht.

Viele Minuten lang lagen wir eng umschlungen im Wasser, ehe mir klar wurde, daß die Lichter, deren Spiegelung ich auf der Oberfläche sah, nicht die Sterne waren, sondern Lampions. Sie beleuchteten den Grillplatz, an dem das Haverford-College und das College von Bryn Mawr ihre Vereinigung für diesen besonderen Abend feierten.

Nur mit Mühe gelang es uns, einigen neugierigen Sportlehrern zu entgehen, die ans Wasser gekommen waren, weil sie dachten, jemand würde ertrinken. Andy unterrichtete mich, daß sie gerade an diesem Morgen zu einem Studentenaustausch nach Holland abreisen würde. Sie sagte, sie käme mich besuchen, wenn sie mit ihrem Deichbau-Studium fertig wäre . . . in sechs Monaten. Sie bat mich, ihr nicht zu folgen, weil sie sich am Flughafen mit ihrem Mann trifft.

Ich behaupte nicht, daß ich die Welt verstehe: Die Sonne geht auf, die Sonne geht unter. Von meiner jetzigen Position aus gesehen, gibt es keine andere Gewißheit.

2. November, 19 Uhr

Heute kam ein Chemiestudent ins Büro des Präsidenten und sagte, er hätte eine Bombe gebaut und würde »das ganze beschissene Gebäude mitsamt seinem Präsidenten in die Luft jagen«. Wie das Schicksal so spielt, war es natürlich ein Student aus meinem Wohnheim. Ich hatte eine recht gute Beziehung zu ihm entwickelt, als er versucht hatte, das Wohnheim in kommunistische Zellen umzufunktionieren. Mit ihnen wollte er auf dem ganzen Campus Schläge gegen den Imperialismus führen. Der Plan kam heraus, als er keine Mitkämpfer finden konnte.

In der Hoffnung, mit der Sache fertig werden zu können, ohne die örtliche Polizeibehörde einschalten zu müssen, bat der Präsident mehrere Mitglieder des Psychologischen Seminars sowie mich und einen Geistlichen der Quäker zu sich.

Die Forderungen des Studenten waren einfach. Ein Gerichtsverfahren gegen Nixon und ein »ausreichend« statt eines »mangelhaft« in seiner Semantik-Klausur. Das Psychologische Seminar schickte seine Vertreter zuerst hinein. Wenige Augenblicke später explodierte die Bombe. Der genaue Zusammenhang zwischen beiden Ereignissen wurde durch das darauffolgende Durcheinander ein wenig undurchsichtig. Es scheint jedoch so gewesen zu sein:

Nach dem Betreten des Präsidentenbüros warfen sich die

beiden Professoren auf den Studenten und rissen ihn zu Boden. Bei dieser Aktion wurde der Sprengstoff gezündet. Der Student liegt jetzt im Krankenhaus, die beiden Psychologen ebenfalls.

Das ist ein deutliches Beispiel, daß Gewalt zur Konfliktlösung erst dann angewandt werden darf, wennn alle anderen Möglichkeiten erschöpft sind. Es ist auch ein Beispiel dafür, daß zu viel Bildung gefährlich sein kann.

5. November, 23 Uhr

Bekam eine Ansichtskarte von einem Deichbruch aus Holland. Hätte nie erwartet, daß der Anblick von schlammigem Wasser, das sich durch eine große Befestigung ergießt, so starke Gefühle in mir auslösen kann. Vermisse Andy sehr. Sehe ein, daß ihre Ehe den Kontakt in Zukunft komplizierter gestalten wird, denke aber trotzdem fast ununterbrochen an sie. Tauche langsam in ein Gefühl der Einsamkeit, das ich seit Maries Tod nicht mehr kannte. Alkohol scheint dieses Gefühl zu lindern, doch weiß ich, daß das keine Antwort auf meine Probleme ist. Ich muß eine Lösung finden. Obwohl ich keinen blassen Schimmer habe, wo ich damit beginnen soll. Es ist schrecklich, etwas zu wollen, von dem man doch weiß, daß man es nicht bekommen kann.

7. November, 20 Uhr

Fuhr nach Hause zu Dad, um auf andere Gedanken zu kommen. Traf ihn beim Lunch mit einer viel jüngeren Frau, die Töpferin ist und Lehm unter den Fingernägeln hatte. Bemerkte, daß Dad jetzt Sandalen trägt. Es ist zwar nur ein Verdacht, aber ich glaube, die beiden schlafen miteinander.

Statt mich auf andere Gedanken zu bringen, löste das eine tiefe Depression bei mir aus, die noch immer andauert. Doch die Ereignisse zeigen nur noch einmal, daß ich fast mein ganzes Leben lang ein Einzelgänger war und vermutlich einer bleiben werde, falls sich nicht einiges drastisch ändert.

7. November, 22 Uhr

Gehe mit Howard, einem Geologie-Studenten auf meinem Flur, in eine Bar im Ort, auf der Suche nach reifen und voll ausgebildeten Formen. Er sagt, ich müßte es auf die übelste Art und Weise besorgt bekommen. Kann mir zwar nicht vorstellen, was er darunter versteht, aber alles ist besser, als allein in meinem Zimmer zu sitzen.

7. November, 23.30 Uhr

Nach dem Aussehen der Frau zu schließen, mit der ich Howard zuletzt sah, habe ich allen Grund zu der Befürchtung, daß er es jetzt auf die übelste Art und Weise besorgt bekommt. Ich bin nun allein auf dem Rückweg zum Campus, aber wenigstens frei von ansteckenden Krankheiten, worum mich Howard über kurz oder lang sicher beneiden wird.

Die letzten paar Blocks habe ich einen Mann beschattet, der, so glaube ich, verbrecherische Absichten hegt. Seine Bewegungen erinnern an ein Raubtier. Im Moment glaube ich nicht, daß er sich meiner Gegenwart bewußt ist, und ich werde meine Überwachung fortsetzen, bis sie mir überflüssig erscheint.

EINIGE SEKUNDEN SCHWEIGEN.

Verdammte Scheiße, ich habe ihn verloren.

DER GENAUE ZEITPUNKT DER NÄCHSTEN AUFNAHME IST UNKLAR.

Oh Gott . . . oh, mein Gott . . . nicht . . . nein . . . nein.

2. KAPITEL

»Ich war nicht bei Dale, als er die Leiche fand. Wir waren in eine Bar gegangen, und für mich endete der Abend damit, daß mich irgendeine Frau mit zu sich nahm. Ich weiß noch, daß Dale zu Fuß nach Hause aufgebrochen war und einem Mann folgte, der ihm verdächtig vorkam. Dale schien immer einen sechsten Sinn für solche Sachen zu haben. Mir ist im ganzen Leben niemand mehr begegnet, der die Leute so durchschauen konnte.

Was er vorfand, muß schrecklich gewesen sein. Die Zeitungen schrieben, sie sei erstochen worden. Eine junge Frau. Aber so wie Dale am nächsten Morgen aussah, glaube ich, daß es viel schlimmer war. Der Fall wurde nie aufgeklärt. Niemand wurde je verhaftet. Eine Tatsache, die wohl nicht spurlos an Dale vorüberging.«

Howard Teller,
Studienfreund

8. November, 5 Uhr

Habe die ganze Nacht nicht geschlafen. Das Gesicht der jungen Frau in ihrem Blut läßt mich nicht los. Die Chance, daß ich mich vielleicht an etwas erinnere, das für die Behörden von Nutzen sein könnte, zwingt mich dazu, mir die Szene so genau wie möglich ins Gedächtnis zurückzurufen. Ich tue es mit dem größten Widerwillen. Etwa um halb zwölf verlor ich den Mann aus den Augen, der . . . halt, das muß geprüft werden – es gibt keinen Beweis, daß es ein Mann war, das ist eine bloße Annahme von mir.

Die nächsten fünfzehn Minuten ging ich weiter in die Richtung, die die Gestalt meines Erachtens eingeschlagen hatte. Ich durchsuchte einige schmale Gassen und ging mehrere Straßen ab, umsonst. Schätzungsweise um Viertel vor zwölf gab ich auf und wandte mich nach Hause. Schon ungefähr zwei Minuten später fand ich die Leiche des Opfers. Sie lag auf dem Bauch, teilweise unbekleidet, und hatte mehrere Stichwunden im ganzen Oberkörper. Ihr Gesicht war durch Schläge übel zugerichtet.

Jetzt erst erkenne ich, daß ich noch mehr als Schrecken und Entsetzen empfand. Ich glaube fest, daß der Mörder in meiner unmittelbaren Nähe war und ich ohne weiteres sein zweites Opfer hätte werden können. Das ist keine Intuition. Die Präsenz des Mörders war so real wie das Zittern meiner Hand in diesem Moment. Ich verstehe die dunklen Mächte nicht, die eine solche Brutalität auslösen. Aber ich weiß jetzt, daß sie real sind, daß es sie wirklich gibt. Dort draußen sind sie, genau in diesem Augenblick. Ich muß jemanden finden, der mir helfen kann, das zu verstehen und dagegen anzukämpfen. Aber wer könnte das sein?

Ich begann den vergangenen Abend mit der Suche nach Kameradschaft und Wärme, die mir so oft fehlen. Jetzt bin ich sogar noch tiefer in diese Einsamkeit gerutscht, der ich zu entgehen versuchte.

20. November, 1 Uhr

Erwachte aus einem entsetzlichen Traum und sah mich Marie gegenüber, die auf meinem Bettrand saß. Es war kein Traum, und doch kann ich mich nicht dazu bringen zu glauben, daß das Wirklichkeit war. Aber in meinem tiefsten Inneren weiß ich, daß es wirklich war.

Sie sagte kein Wort, obwohl ihre Lippen das Wort *stop* zu formen schienen. Ich bat sie, mir zu helfen, und rückte näher zu ihr.

Sie schüttelte den Kopf und verschwand.

Im Zimmer scheint es entsetzlich heiß zu sein. Ich fürchte, ich verliere den Verstand.

DER ZEITPUNKT DER NÄCHSTEN AUFZEICHNUNG IST WIEDER UNKLAR.

Ich . . . nein. Falle, falle, nein, nein, faß' sie nicht an, faß' sie nicht an . . . Marie? Nein! Paß auf! Ich falle, falle, nein! Nicht! Der Boden! Der Boden! Ich komme, komme komme komme.

22. November, 3 Uhr

Bin schreiend aus einem entsetzlichen Traum aufgewacht und spürte die sanfte Hand einer Schwester auf meiner Stirn. Ich liege im Krankenzimmer der Schule, und man sagt mir, ich hätte fast zwei Tage lang hohes Fieber gehabt und phantasiert. Howard fand mich in meinem Bett. Ich schrie irgendwelche Dämonen an, die ich mir jetzt nur noch undeutlich vorstellen kann. Ich bin sehr müde und will schlafen . . . nur schlafen.

22. November, 19 Uhr

Das liebevolle Gesicht einer Schwester taugt als Mittel gegen Infektionen ebensogut wie das stärkste Antibiotikum. Ich kenne ihren Namen nicht, aber wenn es Engel gibt, dann muß sie einer sein.

23. November, 17 Uhr

Ich bin wieder in meinem Appartement. Wenn es stimmt, daß Träume Fenster zum Unbewußten sind, dann ist meines ein ziemlich verworrener Ort, fürchte ich. Obwohl ein Urteil, das bei vierzig Grad Fieber zustande kam, sicherlich anzweifelbar ist, glaube ich dennoch, daß es nicht allein die Infektion war, die meinen Körper angriff, sondern irgendwie auch das Böse, das das Leben jener jungen Frau ausgelöscht hat und kurz davor stand, meines ebenfalls zu beenden.

Existiert dieses Böse in einer greifbaren Form, als ein Keim, wie man sagt? Schwebt es wie eine Feder auf den Luftströmen, die das Leben in diese Welt bringen? Geht es aus und ein in jedem Leben und schlägt nur Wurzeln in den Seelen besonders Unglücklicher?

Wenn das wahr ist, dann war der Grund für die Schlacht, die in meinem Körper tobte, kein Virus, sondern ein Kampf um meine Seele. Dieses Mal habe ich gewonnen, da bin ich sicher.

Eine Bemerkung übers Gesundwerden: Während der Momente, in denen ich bewußt genug war, Notiz von meiner Umgebung zu nehmen, fiel mir auf, daß das Weiß der Schwesterntracht eine beständige Erektion bei allen männlichen Patienten auf meiner Station hervorzurufen schien. Mein Penis bildete da keine Ausnahme – er schien ohne jede Hilfe von Körperteilen oberhalb der Gürtellinie zu reagieren. Den Schwestern schien das nichts auszumachen, sie gingen damit um wie mit einer Rundfunkantenne, die Signale des Gesundwerdens aussendet.

15. Dezember, 21 Uhr

Habe zum ersten Mal seit meinem Eintritt in diese Institution einen Menschen getroffen, den ich als meinen Lehrer bezeichnen könnte. Ihr Geist ist frei und ungebunden, wie es mir selten begegnet ist. Sie ist Dichterin, Wissenschaftlerin und Bogenschützin. Sie hat mich dazu angehalten, ein körperliches Äquivalent für meine geistigen Übungen zu finden, damit alles in mir harmonisch zusammenarbeitet. Sie riet mir, weniger Zeit mit Nachdenken über den Tod zu verbringen und mich statt dessen aufs Leben zu konzentrieren.

25. Dezember, 19 Uhr

Verbrachte Weihnachten zu Hause. Charlotte, Dads Töpferfreundin, briet eine Gans und schenkte mir eine selbstgemachte Kaffeetasse in Form einer Aubergine.

27. Dezember 23 Uhr

Habe beschlossen, solange ich zu Hause bin und Zeit habe, einige Versuche zu unternehmen, um bestimmte Begrenzungen des menschlichen Körpers auszutesten, die mich ärgern.

Die erste ist der Schlaf: Knapp die Hälfte unseres Lebens verschlummern wir in stiller Einsamkeit. Trotz des offenkundigen Nutzens, den wir durch Träume und physische Erholung daraus ziehen, finde ich es unerträglich, daß wir soviel Zeit dazu aufwenden müssen.

Deswegen werde ich versuchen, zwei Dinge zu ermitteln: Erstens, wie lange mein Körper ohne Schlaf zu funktionieren in der Lage ist; und zweitens, wieviel Schlaf ich mindestens brauche, um eine hohe Arbeitsfähigkeit zu gewährleisten. Regelmäßige Aufzeichnungen folgen von nun an stündlich.

28. Dezember, 0 Uhr

Fühle mich gut. Geistige Kapazitäten funktionieren auf höchster Stufe. Motorische Fähigkeiten ohne jede Beeinträchtigung.

1 Uhr

Das schwierigste Problem, das ich voraussehe, ist, die Zufuhr von Kaffee in mein Körpersystem zu beschränken. Die Aufnahme von Stimulantien jeglicher Art würden den Versuch wertlos machen. Deswegen habe ich beschlossen, den Kaffee der wissenschaftlichen Genauigkeit zu opfern. Der Wissenschaft ist niemals ein größeres Opfer gebracht worden. Sollte hinzufügen, daß ich mich gut fühle und in beiden Händen zugleich jeweils ein Kartenspiel mischen kann – ohne jeden Verlust an Effizienz.

2 Uhr

Stark und hellwach.

3 Uhr

Was ist eigentlich aus Ronald Colman* geworden? Und wie hieß der fünfte der Marx-Brothers? Fühle mich stark. Gehirn arbeitet auf höchster Stufe.

4 Uhr

»God« (Gott) rückwärts gelesen wird zu »Dog« (Hund). Glaube, das Testbild im Fernsehen hat eine ähnliche Fähigkeit, das Bewußtsein zu leeren, wie eine tibetanische Gebetsmühle. Machte in der letzten Stunde innerhalb von sechzig Sekunden fünfzig Liegestütze. Außer einer leichten Schwere in den Augenlidern fühle ich mich tipptopp.

5 Uhr

Die ersten blauen Anzeichen der Sonne breiten sich am Westhimmel, nein Osthimmel aus. Im Fernsehen sang ein Männergesangsquartett gerade die Nationalhymne. Habe ohne Schwierigkeiten mitgesungen und kein einziges Wort vergessen.

---

* *Ronald Colman, 1891–1958, amerikanischer Filmschauspieler britischer Herkunft. Einer der größten Stummfilmstars, der auch im Tonfilm Erfolg hatte. Starb an einer Lungenentzündung, die Spätfolge einer Verwundung im Ersten Weltkrieg war. A. d. Ü.*

6 Uhr

Sonnenaufgang. Alles bestens.

7. Uhr

Fühle mich jetzt stärker, weil es hell ist. Bin sicher, daß wir nicht soviel Zeit mit Schlafen zubringen müßten. Glaube übrigens, daß Speck und Erdnußbutter als Nahrungsmittelgruppen bislang vernachlässigt worden sind, besonders ihr kombinierter Verzehr.

8 Uhr

Sitze am Steuer unseres Autos. Kann keine Einschränkung meiner eigenen Fahrtüchtigkeit feststellen, während es scheint, als hätten sehr viele andere Autofahrer die ihre restlos eingebüßt.

9 Uhr

Die Perfektion im Design, die der moderne Doughnut repräsentiert, ist von der Wissenschaft bisher übersehen worden: ein vollkommener Kreis aus luftigem Teig, der einen zweiten von leerem Raum einschließt. Wenige Produkte unseres Jahrhunderts haben ein solches Maß an Harmonie zwischen Form und Funktion erreicht. Es sollte noch hinzugefügt werden, daß Doughnuts verdammt gut schmecken.

10 Uhr

Fühle mich hellwach, stark und fit. Denke allmählich, daß der Schlaf bei weitem überschätzt wird.

11 Uhr

Hatte eine kurze Zeit lang den Verdacht, daß sich ein Mann in meinem Schrank versteckt hielt. Eine genaue Untersuchung blieb ohne Ergebnis. Glaube, er ist durchs Fenster entwischt, als ich mehrere Anläufe zu einem Kopfstand unternahm.

12 Uhr

Noch immer keine Probleme. Es scheint, die Stimme im Schrank war überhaupt keine Stimme, sondern das Echo meiner Meditationsformeln während des Kopfstands.

13 Uhr

Was ist denn nun wirklich aus Ronald Colman geworden?

14 Uhr

Bemerkte erstes Anzeichen für Abnahme meiner motorischen Fähigkeiten. Versuchte, ein Schiffstau um eine Melone zu knoten, um sie an die Deckenlampe zu hängen. Der Knoten löste sich, und die Melone wurde vom Bettpfosten aufgespießt. Bin jedoch froh feststellen zu können, daß meine mentalen Fähigkeiten nicht reduziert sind.

15 Uhr

Bemerke, daß der Geschlechtstrieb nicht vom Schlaf beeinflußt zu sein scheint. Hatte eine starke Erektion nach nur siebzehnsekündiger Betrachtung des Dezember-Playmates.

16 Uhr

Denke, es war ein riesiger Fehler, aufs College zu gehen. Habe beschlossen, Schäfer zu werden und den Rest meines Lebens mit dem Hüten von Ziegen zu verbringen.

17 Uhr

Bin zwar nicht sicher, habe aber das äußerst seltsame Gefühl, daß die letzte Stunde von jemandem gelebt worden ist, der mit Viehzucht zu tun hat.

18 Uhr

Es wird dunkel. Geist und Körper sind hellwach und stark. Habe alle Schränke im ganzen Haus überprüft, um sicherzugehen, daß sich keiner der kleinen Männer darin versteckt.

19 Uhr

Entdeckte eine Wassermelone, die auf meinen Bettpfosten gespießt war. Dad sagt, er macht sich Sorgen um mich. Ich erklärte ihm, daß alles in Ordnung ist, daß Dale nur ein kleines Experiment macht, das aber bald erledigt wäre.

20 Uhr

Ich habe den Namen Dale nie gemocht. Wünschte mir immer, ein Apache zu sein und Ten Sticks zu heißen. Weiß nicht, warum.

21 Uhr

Habe dreiundachtzig Sterne am Himmel gezählt, bevor sie anfingen herumzuspringen und sich hinter dem Mond versteckten. Noch drei Stunden, dann habe ich bewiesen, daß Schlaf zu einem erfüllten und ausgeglichenen Leben nicht notwendig ist, solange alle Schränke abgeschlossen sind.

22 Uhr

Habe ein Selbstporträt von mir gezeichnet. Finde, mein Strich ist fest und sicher. Meine Zeichnung rührt an mein inneres Selbst, das ich erst jetzt zu verstehen beginne.

23 Uhr

»Ninety-nine bottles of beer on the wall, ninety-nine bottles of beer.« Alles in Futter . . . Butter. Ich mag keine riesigen Käfer mit Flügeln.

29. Dezember, 0 Uhr

Habe nun 48 Stunden ohne Schlaf hinter mir. Mein Kopf ist klar. Bin jetzt überzeugt, daß Lee Harvey Oswald* in Dallas nicht allein gehandelt hat. Glaube fest, daß ein Mann, der an der Straße auf diesem Stück Rasen stand und einen Schirm trug, darin ein Gewehr versteckt hatte. Zu dieser späten Stunde ist mir auch klar, daß Marilyns Tod und der von Präsident Kennedy keine isolierten Ereignisse waren.

Ich bringe dieses Experiment in dem Bewußtsein zu Ende, voll und ganz Herr meiner Sinne zu sein. Das

---

* *Lee Harvey Oswald, 1939–1963, erschoß am 22. November 1963 in Dallas den US-Präsidenten John F. Kennedy. Zwei Tage später wurde O. seinerseits von Jack Ruby, 1911–1967, im Gefängnis erschossen. A. d. Ü.*

Bedürfnis nach Schlaf ist eine völlig überschätzte, unbewiesene Behauptung.

Hier spricht Ten Sticks.

30. Dezember, 15 Uhr

Habe gerade meine Bänder der vergangenen Tage abgehört. Das Material spricht für sich. Ich wurde etwa nach 44 Stunden Schlafentzug zu einer Gefahr für die öffentliche Sicherheit.

Es sollte auch festgehalten werden, daß, als ich die bewußte Welt verließ und in den Schlaf hinüberglitt, die außerordentlichsten und lebhaftesten Träume meines Lebens mein Unterbewußtsein überschwemmten. An die meisten kann ich mich nicht erinnern, aber als ich aufwachte, war die Wassermelone aufgegessen, und die Kerne befanden sich in meinem Kopfkissenbezug.

8. Januar 1974, 1 Uhr

Die Schule hat wieder angefangen. In meinem ständigen Versuch, die verschiedenen Funktionen von Körper und Geist besser zu verstehen, habe ich mich für das Ski-Wochenende in den Pocono-Bergen eingetragen. Was mir vorschwebt, ist ein Test. Ein Test, der zeigen soll, inwieweit mentale Arbeit Auswirkungen auf physische Aktivitäten haben kann. Glaube, die perfekte Versuchsanordnung gefunden zu haben.

10. Januar, 11 Uhr

Im Fernwood-Skigebiet. Der Zehn-Meter-Skisprung. Wie ein Falke durch die Luft gleiten, wenigstens einen Moment lang. Habe alle notwendigen Vorübungen gemacht. Eine Stunde Trainingssprünge von einem Stuhl absolviert, ohne besondere Vorkommnisse. Lars, der Skilehrer, versichert, daß die Möglichkeit einer ernsthaften, langwierigen Verletzung ganz in meiner Hand liegt. Er sagte: »Die Gedanken zu kontrollieren, ist das Wichtigste für einen erfolgreichen Sprung.« Ich beginne jetzt den langen Aufstieg zur Schanze. Muß mich anstrengen, damit die rationale Seite meines Gehirns nicht in Panik verfällt und das Kommando übernimmt.

10. Januar, 11.15 Uhr

Während ich die Schanze hinabschaue, auf mein Schicksal dort unten hin, ist ein Gefühl des Friedens über mich gekommen, wie ich es zuvor noch nie erlebt habe. Ich habe mir ein geistiges Bild vom gesamten Sprung gemacht. Das lange, elegante Gleiten über die Anlaufspur. Der Abstoß meiner Beine, wenn meine Ski vom Schanzentisch abheben. Der lange, elegante Flug hinab, wobei meine Füße die Erde weit unter sich lassen. Und dann die sanfte Landung, wie ein Blütenblatt, das zu Boden fällt.

Ich bin bereit, Körper und Geist bilden eine vollkommene Einheit.

10. Januar, 15 Uhr

Der Mensch ist nicht zum Fliegen geschaffen. Nur sehr wenig in unserem Körperbau berechtigt uns zu der Vermutung, daß Fliegen für uns auch nur im entferntesten in Betracht kommt. Glaube, mein Geist und mein Körper hörten auf, in völligem Einklang miteinander zu sein, als ich am Ende der Anlaufspur meine Ski übereinander brachte. Rein technisch betrachtet, kann man sagen, ich wäre geflogen, und in der Tat habe ich ganz kurz ein Freiheitsgefühl verspürt wie nie zuvor. Aber niemand sollte von einer Skischanze fliegen, wie man in einen Swimmingpool springt. Ich landete nicht wie ein Blütenblatt. Obwohl mir die genauen Umstände meiner Landung noch nicht klar sind, erinnere ich mich deutlich an das Geräusch, wie ich mindestens dreimal aufschlug. Mein Kassettenrecorder, den ich im Rucksack hatte, hat den Sturz ebenfalls überlebt. Jedoch schulde ich Lars jetzt sechzig Dollar für neue Ski.

Werde meine Forschungen künftig auf bodengestützte Aktivitäten beschränken und die Luft den Vögeln und den Norwegern überlassen.

15. Januar, 18 Uhr

Andy ist mit neuem Interesse an der Kontrolle von Flüssigkeiten aus Holland zurück. Es ist noch nicht klar, ob auch meine für sie von Interesse sind.

17. Januar, 21 Uhr

Habe eben mit Andy gesprochen. Ihr Mann hat Holland so ins Herz geschlossen, daß er geblieben ist, um beim Bau neuer Deiche zu helfen. Andy erwartet nicht, ihn wiederzusehen, bevor er dem Meer nicht mindestens hundert Quadratkilometer Land abgerungen hat. Dann schenkte sie mir ein kleines Buch über das Kamasutra, das sie mir mitgebracht hat. Denke, das hat eine gewisse Bedeutung für so manche Flüssigkeit in mir.

20. Januar, 19 Uhr

Habe beschlossen, einen weiteren Versuch über die Begrenzungen von Geist und Körper durchzuführen. Andy hat eingewilligt zu assistieren. Glaube, daß ihre Kenntnisse und Erfahrungen ein wichtiger Faktor sein werden. Zur Durchführung des Versuchs haben wir ein kleines Motelzimmer am Stadtrand gemietet.

21. Januar, 1 Uhr

Erste Phase des Versuchs ist vollendet. Bis zu diesem Moment finde ich nicht die Spur eines Beweises für die Theorie, daß zuviel des Guten gefährlich sein kann. Der Zwischenstand ist Andy neun, ich fünf. Wir haben uns chinesisches Essen bestellt, um wieder zu Kräften zu kommen. Erwarte fest, Andys Vorsprung im Lauf des Abends aufzuholen.

21. Januar, 3 Uhr

Zwischenstand: Andy zwölf, Dale neun. Körper und Geist arbeiteten nach dem Hühnchen mit Zitrone gut zusammen.

21. Januar, 4 Uhr

Endergebnis: Andy vierzehn, Dale dreizehn.

21. Januar, 6 Uhr

Der Gleichstand war um etwa 5.01 Uhr erreicht. Hätte kaum eine Chance gehabt, den Vorsprung aufzuholen, ohne meine Kenntnisse von Konzentrationstechniken, die ich mir auf meinen Reisen angeeignet habe. Habe den Verdacht, daß auch das Rosenöl, das Andy aus ihrer Tasche zog, etwas mit dem Versuch zu tun hatte.

Bin derzeit nicht sicher, ob ich in der Lage sein werde, mich zu bewegen, wenn wir das Zimmer räumen müssen.

30. Januar, 19 Uhr

Bin mir darüber im klaren, daß das Pfadfindergesetz vorehelichen Sex verbietet. Habe jedoch das Gefühl, daß der Verfasser dieses Gesetzes nie die Notwendigkeit in Rechnung stellte, die Grenzen menschlicher Sexualität in gleicher Weise zu erforschen und zu erweitern, wie man einen Bach voller Forellen erforschen würde.

10. Februar, 8 Uhr

Glaube, letzte Nacht eine rekordverdächtige Forelle geangelt zu haben.

13. Februar, 23 Uhr

Andy erhielt eben die Nachricht, daß Tim, ihr Mann, von dem sie getrennt lebt, bei einem Deichbruch verletzt wurde. Sie hat beschlossen, nach Holland zurückzukehren, um ihn gesundzupflegen. Dann erklärte sie mir, Liebe wäre keine Variable in unserer Beziehung. Und wünschte mir alles Gute für künftige Techtelmechtel.

Die Nachricht, daß Liebe keine Variable in unserer Beziehung wäre, kam ziemlich überraschend, sowohl gefühlsmäßig wie semantisch. Ich glaube, das nennt man abserviert werden.

15. Februar, 1 Uhr

Der Wetterbericht spricht von starken Regenfällen in Holland. Hoffe, Andys Mann wird wegen seinem Gipsbein Schwierigkeiten mit dem Schwimmen haben.

17. Februar, 22 Uhr

Finde die Attraktivität der akademischen Studien läßt im Vergleich mit Sex stark zu wünschen übrig, besonders wenn dieser einem völlig fehlt.

28. Februar, 3 Uhr

Habe beschlossen, mein Examen in Anthropologie, Naturrecht und Psychologie zu machen. Werde vielleicht auch ein paar Übungen in Malerei in Bryn Mawr belegen, weil die Quäker in Haverford keine Aktmodelle zulassen.

10. März, 11 Uhr

Sitze im Zug nach New York, um eine Studie über die Wirkung hoher Gebäude auf Stammesstrukturen zu machen. Ich glaube fest, daß einer der tiefsten Gründe für den Zusammenbruch der Gesellschaft darin besteht, daß die Menschen nicht mehr in der Horizontalen, sondern in der Vertikalen leben.

10. März, 15 Uhr

New York. Die größte Stadt der Welt. Werde im Central Park, der grünen Oase, Ort der Vergangenheit, beginnen und mich dann zu den Festungen aus Glas und Beton vorarbeiten, in denen die Bürger nachts Zuflucht suchen.

10. März, 17 Uhr

Es wird langsam dunkel. Der Park ist still und friedlich. Eine Insel der Ruhe inmitten eines Sturms.

10. März, 18 Uhr

Wurde von einer Gruppe räuberischer Irrer, die Rohre und Baseballschläger schwangen, aus dem Park vertrieben. Suchte Zuflucht im Eingang eines verspiegelten Glasturms. Das war eine unvorhersehbare Entwicklung. Stelle eine neue Aufgeschlossenheit für hohe gläserne Gebäude an mir fest.

10. März, 19 Uhr

Bewege mich südlich des Parks durch den Stadtkern. Habe seit Verlassen des Parks keine Bedrohung mehr verspürt. Könnte es sein, daß der Park das primitive, animalische Wesen in uns allen repräsentiert? Meine Erfahrungen als Pfadfinder bestätigen die Tatsache, daß der moderne Mensch in einer primitiven Umgebung völlig die Kontrolle über sich selbst verliert. Denke allmählich, das kontrollierte Chaos in den Straßen um mich herum ist wesentlich geordneter als die ungezügelte Natur.

10. März, 21 Uhr

Meine Brieftasche ist weg. Ich weiß nicht, wo ich bin. Glaube, ich werde von einer unbestimmten Anzahl Verbrecher verfolgt, die meinem Körper großen Schaden zufügen wollen. Wenige Augenblicke, nachdem ich an einem Imbißwagen ein Hot Dog gekauft hatte, wurde ich angegriffen. Konnte den Kassettenrekorder retten, bin aber sicher, daß sie noch immer hinter mir her sind. Trug eine kleine Kopfwunde davon, die einen geringen Blutverlust und starkes Heimweh produzierte. Warum findet man eigentlich nie einen Polizisten, wenn man einen braucht? Ich muß weiter.

10. März, 23 Uhr

Habe Zuflucht gefunden in der Mansardenwohnung einer Frau, die Künstlerin zu sein scheint. Alles ist schwarz, die Wände, ihre Bilder, ihre Kleider, der Kühlschrank.

11. März, 0 Uhr

Wollte bis Tagesanbruch hier bleiben, aber der Liebhaber von Lazer, der Künstlerin, tauchte auf und wurde ziemlich wütend, weil sie sich mit einem anderen Maler eingelassen hätte. Ich versuchte zu erklären, daß ich kein Maler bin, aber er beschuldigte mich, ein Performance-Künstler zu sein, und ging mit einem Keilrahmen auf mich los. Es gelang mir, seinem Angriff fast unbeschadet zu entgehen, aber mir wurde klar, daß es an der Zeit war, aufzubrechen. Suche jetzt nach einem Polizisten. Glaube, daß ich verloren bin und die Zivilisation, wie wir sie kennen, dem Untergang geweiht ist. Werde über das Examen in Anthropologie noch mal nachdenken.

11. März, 1.30 Uhr

Bin wohl mitten in ein großes Straßenfest geraten. Ein paar hundert Leute haben sich versammelt und singen und schwenken Fahnen. Ich sehe einen Polizisten. Die Leidenszeit ist vorüber.

11. März, 2 Uhr

Es sollte festgehalten werden, daß der Unterschied zwischen einem Straßenfest und einer Demonstration auf den ersten Blick gering ist. Wendet man sich jedoch an einen Polizisten um Hilfe, sollte man immer ganz sicher sein, um welche Art von Veranstaltung es sich handelt und welche Absichten die Personen um einen herum verfolgen.

Als ich die Worte »Man hat mich beraubt« aussprach, kam eine Staffel berittener Polizisten auf mich zu, allerdings ohne die geringste Absicht, mir zu helfen.

Jetzt sitze ich in einer großen Zelle, umgeben von Dutzenden bärtiger Demonstranten in Sandalen, die sehr unfreundlich auf die Attacke der Polizisten reagierten. Habe aus den Blicken der Gruppe auf meinen schwarzen Anzug den sicheren Eindruck gewonnen, daß sie mich nicht für einen der Ihren halten. Jedoch bin ich nun jedenfalls in Sicherheit und erwarte, alles erklären zu können, wenn ich dem Richter vorgeführt werde.

11. März, 7 Uhr

Der Richter schlug vor, ich sollte nach Philadelphia zurückkehren und mich in New York nicht mehr blicken lassen. Scheint ein guter Rat zu sein. Habe ein für allemal festgestellt, daß jeder Versuch, Erkenntnisse über das menschliche Leben aus den Straßen dieser Stadt ableiten zu wollen, von vornherein zum Scheitern verurteilt ist.

Ein paar Gedanken noch zu den Stunden hinter Gittern. Nie zuvor habe ich eine solche Kameradschaft erlebt wie mit meinen Mitgefangenen während jener Stunden. Es hat zwar einige Zeit gedauert, bis ich meine Zellengenossen davon überzeugt hatte, daß ich kein Spitzel war, aber als das Eis einmal gebrochen war, haben wir viele schöne Stunden zusammen verlebt. Wir sangen die alten Protestsongs, machten Yogaübungen und schmiedeten Pläne, unsere verfassungsmäßige Regierung zu stürzen – ein Unternehmen, das, so wandte ich ein, vielleicht doch ein wenig hoch gegriffen war, wenn man bedenkt, daß sie gerade bei der Übernahme eines Cafés in Chelsea gescheitert waren.

3. KAPITEL

»Das erste Seminar, das Dale bei mir besuchte, hieß Visuelle Informationsverarbeitung. Es ging um die Aufnahme, Speicherung und Verarbeitung von visueller Information. Ich hatte nie wieder einen Studenten mit einer derartigen Begabung zur Visualisierung wie Dale.

Danach besuchte er ›Denken 3005‹, ›Mein Geist, dein Geist 4001‹ und ›Warum wir vergessen 4002‹. Ich glaube fest, daß ein glänzender Psychologe aus ihm geworden wäre, hätte er nicht dieses Praktikum im Landeskrankenhaus gemacht, um anormales Verhalten bei Durchschnittspersonen zu studieren.

Das Krankenhaus wäre ein ideales Sprungbrett für eine lange, glänzende akademische Laufbahn gewesen. Aber irgend etwas dort zog seine ganze Aufmerksamkeit auf sich und veränderte sein Leben für immer.«

Margaret Hastings,
Professorin

15. März, 19 Uhr

Habe einen Praktikumsplatz im Landeskrankenhaus angenommen, um an einer Studie über gewöhnliche Menschen mitzuarbeiten, die plötzlich verrückt geworden sind. Halte das für eine ausgezeichnete Möglichkeit, tief in das Bewußtsein von Individuen zu blicken, die ihre eigenen schlimmsten Alpträume leben. Morgen ist der erste Tag.

16. März, 10 Uhr

Stehe ein wenig zögernd vor diesem Hospital. Erinnerungen an den Tod meiner Mutter gehen mir durch den Kopf. Was werde ich da drin finden? Wonach suche ich? Ist es wahr, daß unsere ganze Spezies sich stets zu dem hingezogen fühlt, das uns am meisten ängstigt und erschreckt? Ich bin sehr aufgeregt. Wenn das wahr ist, was ich eben gesagt habe, dann stehe ich nicht vor einem Krankenhaus, sondern am Rand eines Abgrunds.

16. März, 12 Uhr

Habe Dr. Perkins kennengelernt, den Professor, der die Studie leitet. Er scheint ein ernsthafter, sehr energischer Mann mit einer Schwäche für Weingummi zu sein. Der erste Patient, den wir beobachten wollen, ist ein ehemaliger Briefträger, der während des Austragens der Post plötzlich glaubte, daß seine Zustelltasche voller körperloser Stimmen war, die ihn um Hilfe baten. Man fand ihn unter einer Brücke versteckt, wo er versucht hatte, die Stimmen zum Schweigen zu bringen, indem er sich Lehm und Steine in die Ohren steckte. Ich werde ihn Allen nennen, denn zum Schutz der Patienten wurden alle Namen geändert.

16. März, 14 Uhr

Habe eben eine Stunde mit Allen verbracht. Oberflächlich betrachtet, wirkt er so normal wie jeder andere. Er wurde sehr unruhig, als einer der anderen Assistenten ihn nach Postleitzahlen fragte, und schlug mit der Schläfe gegen die Tischplatte, um die Stimmen nicht zu hören. Er ist 43 Jahre alt, verheiratet und hat zwei Kinder. In seinem Leben lassen sich kaum Anhaltspunkte für Ursachen seines plötzlichen Überschnappens finden.

16. März, 16 Uhr

Lernte das zweite Objekt unserer Studie kennen. Sie ist neunzehn, Studentin, und in jeder Hinsicht eine sehr schöne junge Frau. Sie glaubt, vom Teufel besessen zu sein. Wenn es wahr ist, daß das Böse, wie ich glaube, als reale, greifbare Macht in der Welt existiert, dann ist dieses arme Wesen da vor mir ein lebendiges, atmendes Opfer dieses Bösen.

17. März, 10 Uhr

Werde versuchen, das Vertrauen des Studienobjekts zu gewinnen, das ich Betty nennen will.

17. März, 12 Uhr

War die letzten zwei Stunden bei Betty. Sie zeigte mir ihre Narben und sprach davon, daß die Welt bald in Flammen aufgehen wird. Sie scheint mich zu akzeptieren, obwohl sie mich für einen Racheengel hält, der geschickt worden ist, um sie zu vernichten.

17. März, 13 Uhr

Habe mit Betty ganz ruhig und friedlich zu Mittag gegessen, rote Grütze. Sie scheint Süßes sehr zu mögen.

17. März, 15 Uhr

Mein Tag mit Betty ist zu Ende, alles schien ruhig.

18. März, 1 Uhr

Erhielt einen Anruf von Dr. Perkins, ihn im Krankenhaus aufzusuchen. Als ich ankam, informierte man mich, daß Betty irgendwie ein Messer in die Hand bekommen hätte und es nun an die Kehle eines Pflegers hielte. Dann hatte sie verlangt, mit mir zu reden, und der Doktor schien zu glauben, daß ich am besten geeignet wäre, sie zu beruhigen. Ich bereite mich nun darauf vor, ihr Zimmer zu betreten. Meine Hände schwitzen. Ich weiß nicht, ob ich auf so etwas vorbereitet bin. Bewaffnete Polizisten stehen bereit, um im Notfall einzugreifen.

18. März, 1.10 Uhr

Es ist geschossen worden. Ich habe zwei . . . vielleicht drei Schüsse gezählt . . . zwei, glaube ich.

18. März, 1.20 Uhr

Noch ist nicht klar, was genau passiert ist. Betty ist verwundet, der Pfleger unverletzt. Als sie aus dem Raum geschoben wurde, hörte ich Betty sagen: »Ich bin frei.« Was heißt das? Das muß ich herausfinden.

18. März, 2 Uhr

Das Bewußtsein ist die unbekannteste Grenze. Es ist seltsam, wir haben so viele physikalische Wunder innerhalb wie außerhalb dieser Welt erforscht und können doch nicht in ein anderes menschliches Bewußtsein eindringen.

Wenn ich richtig informiert bin, ist Betty an ihren Verletzungen gestorben. Was mag sie gefühlt haben, als sie sagte: »Ich bin frei«? War es dieselbe Gegenwart des Unerklärlichen, die ich spürte, als ich die ermordete Frau fand? Gibt es da eine Bestie? Ich weiß es nicht. Und wenn ja: Wie soll man gegen sie kämpfen?

29. März, 16 Uhr

Habe versucht, mich auf meine Studien zu konzentrieren. Klausurnoten sind gut. Arbeitsmoral ist hoch. Versuche immer noch, das Wesen der Krankheit zu ergründen, die Betty befiel. Habe bislang keine befriedigenden Antworten auf diese Fragen gefunden. Das ist vielleicht das größte Rätsel, vor dem ich je stand und je stehen werde.

Howard hat vorgeschlagen, eine Pause einzulegen und mit ihm zu einem Rock-Konzert zu gehen. Da ich noch nie bei einem war, habe ich beschlossen, die Gelegenheit wahrzunehmen. Habe den sicheren Eindruck, daß Howard vorhat, durch chemische Mittel sein Bewußtsein zu verändern. Sollte auch noch erwähnen, daß ich glaube, daß Nixon an einer geheimen Vertuschungsaktion beteiligt war und damit einen Weg eingeschlagen hat, der nur zu einem Amtsenthebungsverfahren führen kann.*

30. März, 2 Uhr

Schaue beim Reden in einen Spiegel, um sicher zu sein, daß meine Lippen sich bewegen; denn offensichtlich habe ich mein Gehör verloren. Glaube, Howard hat die Erfahrung gemacht, den eigenen Körper zu verlassen. Zumindest legte sein Fahrstil auf dem Heimweg diese Vermutung nahe.

4. April, 13 Uhr

Es gibt zwei Dinge, auf die mein Leben sich zubewegt und konzentriert, glaube ich. Die Existenz des Guten. Und die des Bösen. Sie scheinen die beiden wichtigsten fundamentalen

---

* *Anspielung auf die »Watergate-Affäre« im US-Präsidentschaftswahlkampf 1972, in deren Folge im Juli 1974 ein Amtsenthebungsverfahren gegen Richard Nixon eingeleitet wurde. Nixon trat am 8. August 1974 als erster Präsident der USA überhaupt zurück. A. d. Ü.*

Fragen zu sein, die das tägliche Leben betreffen. Die Frage ist nun, wie begegnet man diesen beiden gegensätzlichen Mächten? Dem Bösen scheine ich mühelos immer wieder zu begegnen. Das Gute in seinen verschiedenen Formen ist ein flüchtigeres Wesen.

6. April, 14 Uhr

Frühling . . . Nichts beflügelt den Geist so sehr wie die frischen Knospen an den Bäumen. Ein Rock, der in einem sanften Wind flattert. Das Verlangen nach Liebe. Stelle fest, daß ich enorm geil bin. Das Verlangen nach dem Guten, kombiniert mit wild gewordenen Hormonen, ist eine verdammt starke Kraft. Ich würde gern mit einer schönen Frau, in die ich sehr verliebt bin, Hand in Hand spazierengehen. Im Gras liegen und von alltäglichen Dingen reden, als würden sie nur uns widerfahren. Über einen von Kerzenschein erleuchteten Tisch hinweg in Augen blicken, in denen sich alle Gefühle der Welt spiegeln. Ich denke an die Momente mit Andy zurück und muß feststellen, daß es nicht das war, was es hätte sein können, wenn wir uns wirklich geliebt hätten. Auf der anderen Seite waren es extrem leidenschaftliche Momente, und sie boten jemandem mit beschränkter taktischer Erfahrung eine wundervolle Gelegenheit, etwas zu lernen. Die Aufgabe besteht nun darin, diese eine Person zu finden. Eine uralte Frage, auf die noch niemand eine Antwort gefunden zu haben scheint.

15. April, 23 Uhr

Howard scheint die Liebe gefunden zu haben. Habe ihm am Nachmittag mein Appartement überlassen, damit er ungestört mit seiner Freundin, einer Betriebswirtschaftsstudentin aus Bryn Mawr, zusammensein konnte. Ich trinke in der Zwischenzeit enorme Mengen Kaffee und lese Berichte über durchschnittliche Menschen, die verrückt geworden sind.

1. Mai, 0 Uhr

Die heidnischen Frühlingsriten weisen eine Logik auf, die keine Religion verstanden zu haben scheint. In Bryn Mawr fand heute eine Maifeier statt. Junge Frauen in langen Kleidern, von Blumengirlanden gekrönt, zelebrierten das Eintreten neuen Wachstums. Fröhlich tanzten sie um hohe Stangen, von denen bunte Bänder herabhingen.

So natürlich wie bei den Tieren des Waldes bildeten sich Paare. Der Tanz schien an Intensität zu gewinnen. Jemand schlug eine Trommel und sang. Gruppen von jungen Leuten fingen an, ihre Kleider abzuwerfen, und verkündeten ihre Freiheit. Polizisten schritten ein und belehrten sie eines Besseren. Obwohl ihren Argumenten die rationale Basis fehlte, kam ich ebenso wie die anderen Tänzer ihrem Ansinnen schon bald nach. Gesetz ist eben Gesetz.

Habe noch nie nackt mit einer größeren Gruppe von Fremden getanzt. Im allgemeinen würde ich es den Schüchternen und Gehemmten dieser Welt durchaus empfehlen – es bricht das Eis. Ich lernte einige sehr hübsche Frauen kennen, die mir mit einem Filzstift ihre Telefonnummern auf den Oberschenkel schrieben. Seltsam ist nur, daß ich mich nicht erinnern kann, wie jede einzelne von ihnen nackt aussah. Wo hatte ich nur meine Augen, frage ich mich jetzt. Ich erinnere mich an eine Brust hier, ein Knie da, einen Fuß, eine Schulter, einen Nacken. Aber das alles läßt sich nicht zu einem einzigen Körper zusammenfügen.

18. Mai, 9 Uhr

Habe die Gelegenheit, bei den Medizinern an einer Autopsie teilzunehmen. Sagte sofort zu. Muß in ein paar Minuten los.

18. Mai, 11 Uhr

Sitze auf einer Galerie über einem Operationssaal. Um mich herum mehrere Medizinstudenten. Wir sehen herab auf die Leiche eines etwa dreißigjährigen Mannes. Keine sichtbaren Hinweise auf die Todesursache.

Der Arzt öffnet nun den Leichnam mit einem langen Einschnitt vom oberen Ende des Brustbeins bis in die Leistengegend. Er hat so etwas wie eine Gartenschere in der Hand und schneidet das Brustbein durch; das Geräusch der brechenden Knochen ist nicht unähnlich demjenigen, das beim Knacken einer Hummerschere entsteht. Ein Student ist gerade ohnmächtig geworden . . . drückt die Wunde zu . . . nein, ich bin kein Arzt . . . das ist nur meine Meinung, aber es besteht auch wenig Hoffnung, daß aus dir je einer wird, wenn du ihm das da um den Hals bindest.

18. Mai, 11.32 Uhr

Die Autopsie geht weiter. Der Arzt hat den Oberkörper geöffnet und zur Seite geklappt. Ein magischer, wenn auch etwas ekelhafter Anblick. Dieses Durcheinander von buntem Organgewebe ist die Maschine, die wir den menschlichen Körper nennen.

Der Arzt geht jetzt zum Kopf des Leichnams über. Eine kleine elektrische Säge schneidet in den Schädel hinein, bewegt sich wie ein Heiligenschein oberhalb des Ohrs. Die Säge umrundet den Hinterkopf, ein schwacher Knochengeruch ist feststellbar. Da ist es. Der Arzt hat die Schädelplatte abgenommen, wie man den Deckel eines Glases abnimmt. Das Gehirn sitzt wie ein Ei in der Schale. Die vielen Lagen von Gewebe schlingen sich um die beiden Hemisphären. Welche Geheimnisse sie wohl verbergen? Und was ist es, das dem einen Gehirn Genie gibt, dem nächsten Wahnsinn, und einem Leben, dem anderen Tod? Ich habe so etwas noch nie erlebt.

20. Mai, 3 Uhr

Ein fremder Mann steht vor dem Haus und schaut zu meinem Fenster hoch. Er scheint blau angemalt zu sein. Habe keine Ahnung, was er wollen kann.

20. Mai, 3.30 Uhr

Eine gründliche Suche draußen brachte keinen blauen Mann zum Vorschein, nicht mal einen Beweis dafür, daß je einer da war. Ich frage mich, was er gewollt hat.

30. Mai, 16 Uhr

Das Ende des Schuljahrs naht, der Sommer liegt vor uns. Dad hat beschlossen, die Töpferin in Las Vegas zu heiraten, und hat mich gebeten, als sein Trauzeuge mitzukommen. Möchte das nicht versäumen.

Auf dem Campus fand heute eine Berufsberatung statt. Habe Prospekte von der Entwicklungshilfe und vom FBI mitgenommen.

12. Juni, 22 Uhr

Las Vegas. Die Hochzeit ist morgen früh in der kleinen roten Kapelle. Dad und Charlotte sehen sich gerade eine Show namens »Nudes on Ice« an. Weiß nicht, was die Nackten da auf dem Eis tun, aber Dad hat so schöne Erinnerungen daran, wie er mich als Kind zu »Holiday on Ice« mitgenommen hat, daß er das nicht verpassen wollte.

Glaube, ich werde eine der vielen Möglichkeiten zum Glücksspiel nutzen. Die Ausbildung, die ich von Onkel Al erhalten habe, als ich noch klein war, wird mir dabei gute Dienste leisten.

13. Juni, 1 Uhr

Aus irgendeinem Grund hat mich das Management des Kasinos gebeten, nie an einen ihrer Tische zurückzukehren. Sie scheinen den Eindruck zu haben, das Kartenzählen wäre eine Art Betrug, und mein Argument, es würde sich dabei schließlich nur um einfache Mathematik handeln, stieß auf taube Ohren.

Die zweitausend Dollar, die ich gewonnen habe, schenke ich Dad und Charlotte zur Hochzeit.

13. Juni, 13 Uhr

In der kleinen roten Kapelle. Ein unscheinbares rotes Gebäude, von Steinen und Kunstrasen umgeben. Wir kamen nach einer jungen Schwangeren und einem Seemann mit beiden Armen in Gips an die Reihe.

Die Zeremonie wurde vom ehrenwerten L. B. Johnson vollzogen, einem älteren Mann mit einer riesigen Frau, die für jedes Polaroidbild des glücklichen Paars fünfzig Cent verlangte. Dad kaufte drei. Dann bezahlte ich die Zeremonie und gab L. B. noch etwas extra für eine Platte mit der Orgelmusik. Das glückliche Paar machte sich anschließend auf den Weg nach Reno, wo sie ein paar Tage nach rotem Lehm graben und ein paar Glücksspiele wagen wollen.

Glaube, ich verbringe den Rest des Tages am Hoover-Damm.

13. Juni, 15 Uhr

J. Edgar wäre stolz darauf, mit einem so riesigen Bauwerk wie diesem Damm verbunden zu sein. Er hemmt den Lauf eines mächtigen Flusses.

15. Juni, 23 Uhr

Wieder in Haverford. Arbeite den Sommer über an einer Reihe von freien Projekten, die mir erlauben sollen, vorzeitig mein Examen zu machen. Interessante Beobachtung: Sah letzte Nacht den blauen Mann wieder vor meinem Fenster.

1. Juli, 3 Uhr

Bin mitten in der Nacht aufgewacht, mit einem schrecklichen Gefühl von Verlorenheit. Ich vermute, es hat damit zu tun, daß mein altes Zimmer in meinem Elternhaus von Charlotte zu einem Töpferatelier umgebaut worden ist.

5. Juli, 0 Uhr

Heute abend wurde mein Gefühl der Isolation unerträglich. Ich mußte daran denken, daß Marie und ich an jenem unseligen Tag das Feuerwerk ansahen. Das Krachen der Raketen am Himmel verstärkt nur meine Empfindung, daß eine einsame Seele für immer ruhelos bleiben wird. Nicht einmal ein großes Stück Kuchen und eine Tasse Kaffee im Lunch Pal Restaurant konnten den Nebel zerreißen. Das Studium scheint wenig zu nützen. Brauche eine Veränderung.

10. Juli, 5 Uhr

Befinde mich in einer kleinen Höhle über einem schmalen Fluß im Norden des Staates. Sitze jetzt seit zwölf Stunden bewegungslos da, versunken in Techniken zur Leerung des Bewußtseins. Aus dem hinteren Teil der Höhle beobachten mich seit vielen Stunden zwei kleine rote Augen. Ich weiß nicht, zu was für einem Geschöpf sie gehören. Mein Kopf ist erfrischt von den langen Stunden in tiefer Meditation. Habe das starke Gefühl, schon einmal in dieser Höhle gewesen zu sein – über ein Feuer gekauert, in Tierhäute gehüllt briet ich eine kleine Ziege. Glaube, die roten Augen gehören einer sehr großen Fledermaus.

12. Juli, 7 Uhr

Hatte recht, es war eine große Fledermaus, nein, eine riesige Fledermaus. Bin auf dem Rückweg in die Stadt.

1. August, 14 Uhr

Habe alle meine Nixon-Anstecker ans Weiße Haus zurückgeschickt.

15. August, 9 Uhr

Angesichts der herrschenden Unfähigkeit der Regierung zu einem ehrenhaften Umgang mit der Macht neige ich dazu, eine Laufbahn auf dem privaten Sektor einzuschlagen. Sollte jedoch erwähnen, daß ich nicht weiß, an wen man sich dazu wenden muß und wie man den privaten Sektor überhaupt findet.

30. August, 14 Uhr

Dad rief heute an und erzählte mir, daß ich bald einen kleinen Bruder oder eine kleine Schwester bekomme. Bin sprachlos.

10. September, 21 Uhr

Dad rief heute an und erzählte, daß ich doch kein Brüderchen oder Schwesterchen bekomme. Er hat rausgefunden, daß er zeugungsunfähig geworden ist. Er sagt, ich kann mein altes

Zimmer wiederhaben, muß aber den Lehm auf dem Boden selbst wegputzen.

Charlotte ist mit einem Fotografen durchgebrannt. Sie sagt, sie werden das Baby nach meinem Vater nennen. Gehe morgen zu ihm, um zu sehen, wie er mit dem Verlust fertig wird. Er sagte, es ginge ihm gut und ich sollte die gottverdammte Kaffeetasse, die Charlotte für mich gemacht hat, aus dem Fenster werfen. Ich denke, er braucht noch eine Weile.

11. September, 22 Uhr

Bin bei Dad. Soweit ich mich erinnern kann, haben wir um die Mittagszeit zu trinken angefangen. Er wirkt viel glücklicher, seit er besinnungslos ist. Bin ziemlich sicher, daß ich gleich kotzen muß.

DIE BÄNDER DER FOLGENDEN NEUN MONATE WURDEN ZERSTÖRT, ALS EINE HEIZDECKE SICH ENTZÜNDETE.

9. Juni 1975, 8 Uhr

Hatte ein kleines Problem mit der Elektrizität. Habe alle Bänder der letzten neun Monate verloren, dazu zwei Paar Schuhe, einen Anzug, vier Krawatten und ein Seil. Ansonsten ist alles in Ordnung. Werde versuchen, die verlorene Periode so kurz wie möglich zusammenzufassen.

Dad geht's viel besser. Charlotte brachte am Tag der Scheidung einen Jungen zur Welt. Ich war die meiste Zeit über gesund und guter Dinge, außer einem Anfall von Schwermut im März, der fünf Tage andauerte. Der Grund lag in meiner Unfähigkeit, den einen Menschen zu finden, mit dem ich den Rest meines Lebens verbringen will.

Sehr vermissen werde ich das Band, das Howard und seine Freundin aufnahmen, als sie während Nixons Rücktrittsrede miteinander schliefen. Das ist ein historischer Moment, den ich sehr gerne in meiner Sammlung hätte.

20. Juni, 9 Uhr

Versuche herauszufinden, wie lange ein Mensch ohne zu urinieren normal funktionieren kann, wenn er sein gewohntes Maß an Flüssigkeit zu sich nimmt. Werde jetzt 0,2 Liter heißen Kaffee trinken.

10 Uhr

Alle Körpersysteme normal. Trinke noch einmal 0,2 Liter Kaffee.

11 Uhr

Keine Beschwerden. Trank 0,2 Liter Kaffee.

12 Uhr

Stellte im altenglischen Lektürekurs ein leichtes Völlegefühl fest. Trank nur widerwillig die nächsten 0,2 Liter.

13 Uhr

Hatte große Konzentrationsschwierigkeiten in der Psychologievorlesung über Streß als Krankheitsursache. Lasse die Flüssigkeitsaufnahme in der nächsten Stunde ausfallen.

14 Uhr

Scheine einen stabilen Zustand erreicht zu haben.

15 Uhr

Habe alle möglichen Zustände. Fürchte, instabil zu werden.

16 Uhr

Wachsende Zweifel, ob ich noch normal funktioniere. Habe unglücklicherweise Durst. Trinke noch einmal 0,2 Liter.

17 Uhr

Wo ich auch hingehe, überall sehe ich Wasserspender.

18 Uhr

Versuche, noch eine Stunde durchzuhalten.

19 Uhr

Fühle mich seltsamerweise viel besser. Nahm ein großes Glas Milch zu mir.

19.08 Uhr

Habe ein Problem.

19.10 Uhr

Urinieren dauerte volle zwei Minuten. Kann mit Sicherheit sagen, es waren die befriedigendsten Minuten in meinem kurzen Leben. Ohne den Schmerz, den man sich zum Erreichen der Zehn-Stunden-Marke zufügen muß, würde ich es jederzeit als Ersatz für Sex empfehlen.

1. Juli, 18 Uhr

Glaube, ich war etwas voreilig mit meiner Behauptung, Urinieren könnte ein guter Ersatz für Sex sein. Lernte heute eine Studentin aus Bryn Mawr kennen, die mehr von Kaffee versteht als jeder andere. Ich trank zwei Tassen einer kolumbianischen Röstung, während sie eine Tasse einer guatemaltekischen Mischung zu sich nahm. Habe mir nie klargemacht, daß die Öle ein so wichtiger Bestandteil einer wirklich erstklassigen Sorte sind. Wir wollen uns morgen wieder zum Kaffee treffen, nach ihrem Seminar über die Schuld der Mütter. Habe große Hoffnungen, daß Lena diejenige sein könnte, nach der ich gesucht habe.

2. Juli, 21 Uhr

Traf Lena nach dem Unterricht zum Kaffee. Probierten diverse neue Mischungen und machten dann einen langen Spaziergang, der damit endete, daß sie mir erklärte, sie wäre zwar sehr daran interessiert, mich wiederzusehen, doch müßte ich verstehen, daß sie ein Keuschheitsgelübde abgelegt hätte. Dieses will und kann sie nicht brechen, bevor sie nicht mit ihrer Mutter ins reine gekommen ist.

Sagte ihr, daß ich sie verstehen würde, aber glaubte, daß nur sehr wenige Menschen jemals mit ihren Müttern ins reine kämen und man nie wüßte, was man in der Zwischenzeit alles versäumt. Dann beendeten wir den Nachmittag bei einem starken kubanischen Mokka. Wir diskutierten ihre Vorlesung über Furcht und Angst, und schließlich küßten wir uns leidenschaftlich, was allerdings Schuldgefühle bei ihr auszulösen schien.

Weiß nicht, was ich tun soll.

19. Juli, 1 Uhr

Kann nicht einschlafen. Möchte sehr gerne mit Lena schlafen. Fühle mich wie eine Zeitbombe, die jeden Moment hochgehen kann. Weiß nicht, welche Grausamkeiten sich ihre Mutter hat zuschulden kommen lassen, bin aber ziemlich sicher, daß ein Kriegsverbrecherprozeß viel zu gut für sie wäre.

24. Juli, 23 Uhr

Hatte große Hoffnungen, als Lena mir von einem Durchbruch erzählte. Unglücklicherweise hatte das aber mit ihrem Vater und nicht mit ihrer Mutter zu tun.

3. August, 21 Uhr

War ganz sicher, daß Lena und ich auf dem richtigen Weg waren, nachdem sie ein Modell ihrer Mutter beim Wäscheaufhängen gemacht hatte und mit ihrem Volkswagen drübergefahren war. Sofort danach wurde alles sehr leidenschaftlich, bis Lena einen Zusammenbruch bekam und unter Tränen ihr Keuschheitsgelübde erneuerte.

15. August, 17 Uhr

Das Sommersemester ist zu Ende. Habe wider besseres Wissen eingewilligt, mit Lena zusammen ihre Eltern in Hershey zu besuchen. Bei Tagesanbruch fahren wir los.

16. August, 6 Uhr

Die Tour der Leiden beginnt.

16. August, 23 Uhr

Habe das Klappbett im Zimmer von Lenas Bruder Todd zugewiesen bekommen. Zum Abendessen gab es einen ausgezeichneten gebackenen Schinken. Redete lange mit Lenas Vater Bill übers Forellenfischen. Noch nie im Leben bin ich einer so charmanten Frau wie Lenas Mutter Joan begegnet. Klug, schön, intelligent.

Als ich gerade ins Bett gehen wollte, erzählte mir Lena, daß ihre Mutter mit dem einzigen Freund, den sie ihren Eltern je vorzustellen wagte, geschlafen hat. Ich sollte sehr vorsichtig sein und ja nicht nachts zur Toilette gehen; denn auf diese Weise wäre es damals geschehen.

Sieht so aus, als käme mir mein Experiment mit dem Urinieren jetzt sehr zugute. Frage mich, was Joan wohl gemeint hat, als sie sagte: »Wir sehen uns dann später.«

17. August, 2 Uhr

Höre Schritte auf dem Gang . . . sie kommen . . . oh, nein!

17. August, 4 Uhr

Die Ereignisse der letzten Stunden werden mir erst ganz allmählich bewußt. Wo die Grenze zwischen Realität und Phantasie verläuft, war gestern um diese Zeit noch wesentlich klarer als jetzt. Um etwa 2 Uhr bemerkte ich Schritte auf dem Gang vor meinem Zimmer. Einige Minuten lang ging da jemand auf und ab. Ich hatte den Eindruck, der nächtliche Wanderer wäre tief in Gedanken versunken und versuchte, irgendeine Entscheidung zu treffen.

Um 2.02 Uhr war die Entscheidung dann gefallen, jemand steckte einen Schlüssel in meine Tür und öffnete sie. Was nun folgt, ist eine fragmentarische Aufnahme der nächsten Augenblicke. Die erste Stimme ist meine.

»Hallo?«
»Dale, ich bin's, Joan.«
»Joan?«
»Ich war der Ansicht, wir sollten miteinander reden.«
»Gute Idee.«
»Kann ich mich setzen?«

Die genaue Ursache und Art des Feuers, das exakt in diesem Augenblick in der Garage ausbrach, wird noch immer vom Brandmeister untersucht. Ich erinnere mich undeutlich an einen schwachen Knall, doch kann das auch eine der Bettfedern gewesen sein, als Joan sich lächelnd setzte.

Das Ausmaß der Katastrophe, die in diesem Augenblick vermieden wurde, läßt sich nur schwer ausmalen. Es ist eine Schande, daß nicht mehr Häuser mit Brandschutzinstallationen und Notfallplänen ausgerüstet sind wie das der Frasers. Innerhalb von drei kurzen Minuten war das Feuer gelöscht, die Feuerwehr gerufen und mein Bett evakuiert, sowohl von Joan wie von mir.

Ich habe beschlossen, daß es wesentlich sicherer ist, die Stunden bis Tagesanbruch im verschlossenen Auto zu verbringen, weit entfernt von jeglichem entzündlichen Material.

17. August, 21 Uhr

Sind heil, wenn auch nicht ohne Zwischenfall, in Haverford angekommen. Nach einem Frühstück, das aus sehr knusprig gebratenem Schinkenspeck und Toast bestand, verabschiedeten wir uns von Lenas Eltern. Lena sagte ihrer Mutter, wie leid es ihr täte, daß so viele von Joans besten Kleidern verbrannt wären.

Es ist schwierig, das Gefühl zu beschreiben, das jemanden überkommt, der feststellen muß, daß seine Freundin pyroman ist. Obwohl ich zugeben muß, schon während des Brands einen entsprechenden Verdacht gehabt zu haben, ist man doch nie richtig auf die brutale Konfrontation mit einer solchen Wahrheit vorbereitet. Ich glaube, es war Holmes, der gesagt hat, der Weg zur Wahrheit führt oft in zwei ganz verschiedene Richtungen.

Kurz hinter der Stadtgrenze von Hershey breitete sich im Auto ein durchdringender Benzingeruch aus. Aus Furcht vor einer Explosion fuhr ich rechts ran und stieg aus, um der Sache auf den Grund zu gehen. Genau in diesem Moment erreichten die Wege zur Brandstiftung und zur Keuschheit ihr Ziel.

»Ich bin bereit«, sagte Lena.

Ich fragte sie, wozu sie bereit wäre, und sie antwortete, sie wäre nun bereit zur Rückkehr in die sexuelle Welt. Daraufhin fragte ich sie, ob sie damit eine generelle Erklärung über ihre Haltung zur Welt abgeben wollte, oder ob sie ganz speziell über diesen Moment spräche.

»Jetzt«, antwortete sie. »Jetzt sofort.«

Genau in dieser Sekunde erkannte ich, daß ihre Kleider die Quelle des Benzingeruchs waren. Nur mit viel Glück setzten die sich überschlagenden Ereignisse der nächsten Minuten uns nicht in Flammen. Meine Erinnerungen sind bestenfalls fragmentarisch. Ich erinnere mich undeutlich, daß mein Fuß sich in der Hupe verfing. Die Rückenlehne des Fahrersitzes brach. Die Handbremse löste sich, und Lena hatte ihren ersten Orgasmus seit vielen Jahren, während der Wagen eine niedrige Böschung hinabrollte, auf eine Herde von Tieren zu, die ich nun als Angus-Rinder identifizieren kann.

Weder Lena noch das Auto kamen zur Ruhe, bis ein kurzsichtiger Bulle eines seiner Hörner durch unseren Kühler steckte. Die darauffolgende Diskussion mit dem Besitzer des Bullen über unsere Anwesenheit auf seinem Feld berührte so unterschiedliche Themen wie den Fettanteil in Hamburgern, die Schwerkraft, das Graben von Löchern für Zaunpfähle und die Qualität des amerikanischen Automobilbaus, mit der es in den letzten Jahren ständig bergab gegangen sei; darin stimmten wir alle überein. Die weitere Rückfahrt nach der Reparatur des Kühlers verlief ohne besondere Vorkommnisse, obwohl Lena den Wunsch äußerte, einen schönen offenen Kamin zu finden, vor dem wir uns lieben könnten. Ein Gedanke, der mir ein wenig zu pyromantisch klingt.

20. August, 2 Uhr

Erhielt einen Anruf von Lenas Mutter, daß Lena freiwillig in ein Krankenhaus gegangen ist, um ein psychiatrisches Gutachten erstellen zu lassen.

22. August, 16 Uhr

Habe Lena heute besucht. Sie wirkte heiter, glücklich und fast völlig normal. Wir redeten etwa dreißig Minuten über alles mögliche. Hätte ein weit besseres Gefühl bei dem Besuch gehabt, wenn sie gewußt hätte, wer ich bin.

1. September, 17 Uhr

Lena ist heute aus dem Krankenhaus entlassen worden. Sah sie kurz, als sie ins Auto ihrer Eltern stieg. Sie scheint mich nun für ihren Bruder Todd zu halten. Ich verstehe nicht, woran es liegt, daß alle meine Beziehungen zu Frauen reine Katastrophen sind. Jetzt kann ich nur hoffen und beten, daß Lena wieder zu dem vitalen Menschen wird, den ich einmal kannte, und daß ich mit künftigen Beziehungen mehr Glück habe als bisher.

15. September, 3 Uhr

Bin zu dem Schluß gelangt, daß ein Fluch auf mir liegt, wie ich ihn bei einigen unglücklichen Menschen während meiner Reisen nach Abschluß der High School festgestellt habe. Bin mir bewußt, daß das westliche Denken es sich nicht gestattet, an irgend etwas außerhalb der Welt der Tatsachen zu glauben. Doch ich bin jetzt fest davon überzeugt, daß die vielen katastrophalen Beziehungen, die ich erlebt habe, nicht zufällig sind. Ich muß einen Heilkundigen aufsuchen.

1. Oktober, 20 Uhr

Glaube nicht, daß die Katholiken den richtigen Zugang zu meinem Problem haben. Redete mehrere Stunden mit einem Priester, der behauptete, daß ich an einem extremen Schuldkomplex leide, der von unreinen Gedanken herrührt. Er meinte, ich sollte zum Katholizismus übertreten und für 16,50 Dollar die Kirchenzeitung abonnieren. Ich fragte ihn, ob es nicht eine billigere Lösung für mein Problem gäbe, und er erklärte, mit dem Seelenheil sei es so ähnlich wie mit Immobilien. Wenn ich ein billiges Stück Land wollte, das nicht einmal wertstabil wäre, dann sollte ich mich an die Protestanten wenden.

9. Oktober, 19 Uhr

War bei den Protestanten. Ihre Zeitung kostet 17 Dollar monatlich, und sie beschuldigten die Katholiken, billiges Papier zu verwenden. Fand wieder keine Antwort.

15. Oktober, 1 Uhr

Habe einen heiligen Mann des Islam gefunden, der sagte, ich hätte zuerst zu ihm kommen sollen. Jetzt könnte er nichts mehr für mich tun, da ich den Katholiken und Protestanten ausgesetzt gewesen wäre.

30. Oktober, 4 Uhr

Habe den größten Teil der Nacht mit einem heiligen Mann der Sioux verbracht. Als ich ihm von meinem Problem erzählte, brach er in schallendes Gelächter aus. Sagte, das wäre der beste Witz, den er seit Wochen gehört hätte. Ich erinnerte ihn an ein Pferd, das sein Bruder als Kind ritt. Es hatte solche Angst, sich in einem Maulwurfsloch das Bein zu brechen, daß es nur auf Straßen ging und von einem LKW überfahren wurde. Glaube, ich fühle mich viel besser, obwohl ich nicht recht weiß, warum.

5. Dezember, 18 Uhr

Heute früh wurden drei abgetrennte Finger im Biologie-Gebäude gefunden. Sie gehören offenbar einem Mann, der mit den Händen arbeitet. Das sah man am Haar, an den Schwielen und dem Schmutz unter den Nägeln. Konnte sie ein paar Minuten lang untersuchen, bevor die Polizei eintraf, um Ermittlungen durchzuführen.

4. KAPITEL

»Dale und ich gingen zur Job-Messe in die Stadthalle. Ich glaube, es war ein Samstag, denn ich erinnere mich, daß ich am nächsten Morgen in einer Kirche aufgewacht bin. Soweit ich mich erinnere, ging ich zu den meisten Ständen von Elektronikfirmen, weil ich einen Trip eingeworfen hatte und da total irre Bildschirme rumstanden, mit Kabeln und Lichtern und so.

Ich glaube, das war zu einer Zeit, als Dale nach etwas suchte, was ihn richtig ausfüllen würde. Die Schule stellte keine Herausforderung mehr dar. Mit Frauen kam er nie gut zurecht. Ich glaube, als er den FBI-Stand sah, da sprang ein Funke über, der schon lange in ihm geschlummert hatte.

Ich habe nie rausgekriegt, wie dieser Abend damit enden konnte, daß ich ins Heer eintrat.«

Howard Teller,
Studienfreund,
Captain der U.S.-Army

18. Dezember, 2 Uhr

Habe das Gefühl, Howard macht einen großen Fehler. Glaube nicht, daß er begriffen hat, worum es bei diesen Radarschirmen wirklich ging, die er sich da angeschaut hat.

Als ich wieder hier in meinem Zimmer saß, wurde mir klar, daß sich in mir eine Flamme neu entzündet hat, die einige Jahre verloschen war. Redete über eine Stunde mit einem Spezialagenten am FBI-Stand. Er heißt Windom Earle, ein Mann von ungewöhnlicher Intelligenz. Nach dem Gespräch mit Earle glaube ich jetzt, daß ich möglicherweise versucht habe, das Böse intellektuell zu verstehen, statt ihm direkt entgegenzutreten.

20. Dezember, 19 Uhr

Howard ist sehr deprimiert. Er hat seinen Eltern erzählt, daß er ins Heer eingetreten ist, und jetzt bezahlen sie seine Studiengebühren nicht mehr. Morgen fahre ich nach Hause zu einem ruhigen Weihnachten mit Dad.

25. Dezember, 23 Uhr

Bekam einen Brief von Lena, die ihren Jugendfreund aus Hershey geheiratet hat. Sie hat sich für ihre Unausgeglichenheit in den Monaten, die wir zusammen waren, entschuldigt und sagte, seit die Ärzte die richtige Dosis gefunden haben, ginge es ihr viel besser.

Werde einen Versuch starten, einige Mitglieder der Bande aus der 24. Straße ausfindig zu machen. Sie haben damals mein Tonbandgerät gestohlen, als ich dreizehn war. Ich will nun untersuchen, was aus ihnen geworden ist. Habe den ersten schon aufgespürt, er arbeitet in einer Autowerkstatt nicht weit von ihrem alten Treffpunkt.

26. Dezember, 16 Uhr

Stehe vor Don and Jim's Body Shop, wo ich Ted treffen soll, den Tonband-Dieb von damals. Diese Gegend ist noch fast genau so, wie ich sie in Erinnerung hatte. Die Läden sind dieselben, die Ladenbesitzer ebenfalls. Und mit mir ist in der Zwischenzeit so viel geschehen. Ist es möglich, daß es Menschen gibt, die ihr ganzes Leben ohne größere Veränderungen verbringen?

Glaube, ich sehe Ted auf mich zukommen.

26. Dezember, 18 Uhr

In meiner Arroganz bildete ich mir ein, daß alle Reisen im Leben mit geographischen Veränderungen zu tun hätten. Welch ein Irrtum! Ted hat viele der letzten sieben Jahre in einer winzigen Zelle verbracht. Doch mit meiner ganzen sogenannten Erfahrung bin ich doch nie so sehr der brutalen Wahrheit ausgesetzt gewesen wie er.

Mit sechzehn kam er wegen Totschlags ins Gefängnis und wurde vergewaltigt, gequält, mit Messern traktiert. Jetzt ist er verheiratet, hat zwei Jobs gleichzeitig und macht noch einen Abendkurs, um Buchhalter zu werden. Ich fragte ihn, ob es einen entscheidenden Moment gab, der diese Wende in seinem Leben verursacht hat. Er erinnerte sich an einen Schneesturm während seines ersten Jahres im Gefängnis.

»Da waren diese riesigen Schneeflocken«, sagte er, »die Kinder immer mit der Zunge auffangen.«

An diesem Tag war er schon dreimal vergewaltigt worden. Morgen treffe ich ein weiteres Mitglied der Bande.

27. Dezember, 8 Uhr

Es ist kalt und grau. Soll das andere Mitglied an der Straßenecke treffen, wo ich jetzt stehe. Da kommt ein großer . . . halt . . . Ich glaube, ich habe einen Riesenfehler gemacht . . . Verdammt.

27. Dezember, 23 Uhr

Das zweite Bandenmitglied ist offenbar noch ziemlich aktiv bei der Sache. Ich spreche von einem Krankenhausbett aus, wo ich mich bestens von einem Schlag auf den Kopf erhole. Die Ärzte sagen, ich bin bald wieder in Ordnung, aber sie wollen mich zur Beobachtung über Nacht hierbehalten. Soweit ich mich erinnern kann, verlief der Tag folgendermaßen: Um etwa 8 Uhr tauchte das Objekt meiner Untersuchung in einer ziemlich neuen Limousine auf, begleitet von zwei Kumpanen. In dem Gefühl, die Lage völlig falsch eingeschätzt zu haben, versuchte ich, durch eine schmale Gasse zu entkommen, aber sie schnitten mir den Weg ab. Sie luden mich zu einer Stadtrundfahrt in ihrem Wagen ein. In diesem Moment bekam ich den ersten Schlag auf den Kopf.

Von da an ist mir vieles bestenfalls noch skizzenhaft im Gedächtnis geblieben. Ich erinnere mich an eine Frau lateinamerikanischer Herkunft, die sang und eine kleine Glocke schwang. Und ich erinnere mich überaus deutlich an weitere Schläge. Der Geruch von Zitronen. Eine Flasche wurde zerschlagen. Und in regelmäßigen Abständen war das Wort *fuck* zu hören.

Wie ich fliehen konnte, ist mir noch immer nicht klar. Ich glaube, es kam zu einem Streit zwischen zwei Bandenmitgliedern, bei dem Messer im Spiel waren. Ich erinnere mich undeutlich daran, daß jemand rief: »Stich zu!« Ein anderer brüllte: »Der ist clean.« In diesem Moment brachte mich die Lateinamerikanerin in ein anderes Zimmer, wo sie im Kreis um mich herumtanzte und mich mit hochhackigen goldenen Schuhen trat.

Obwohl ich der festen Überzeugung bin, daß es höchst unmoralisch ist, eine Frau zu schlagen, gibt es doch Ausnahmen. Ich glaube, ich setzte sie mit einem Kinnhaken außer Gefecht. Ein weiteres Bandenmitglied kam ins Zimmer, er preßte ein Tuch auf eine Stichwunde in seiner Backe. Ich schlug ihm mit einem sehr großen runden Gegenstand – ich weiß nicht mehr, was es war – gegen das Ohr. Seltsam, wie das Leben manchmal spielt: Genau in dem Moment, als mein zweiter Entführer zu Boden sank, wurde mir klar, wie befriedigend eine Laufbahn in einer Strafverfolgungsbehörde sein könnte. Jedoch wollte ich meine augenblickliche Chance nicht verpassen, sprang aus dem Fenster und rannte wie der Teufel davon.

Wie ich ins Krankenhaus gekommen bin, weiß ich nicht genau, doch das Bild eines sehr hellen Lichts und Windgeräusche haben sich mir deutlich eingeprägt. Mir dröhnt der Kopf, und ich bin sehr müde.

28. Dezember, 23 Uhr

Dad brachte mich nach Hause und überraschte mich mit einem Obstkuchen, den er selbst gebacken hat. Habe versucht, Spezialagent Earle anzurufen, um mir Bewerbungsunterlagen schicken zu lassen, doch er ist wieder im Einsatz, und ich konnte ihn nicht erreichen. Bin ziemlich sicher, daß ich nun den richtigen Weg eingeschlagen habe. Meinem Kopf geht's viel besser.

1. Januar 1976, 1.30 Uhr

Dad ist bankrott. Er spielte mit dem Gedanken, sein eigenes Geld zu drucken, aber ich habe ihm das ausgeredet. Seine Gläubiger haben ihm die Wahl gelassen, entweder seine Druckerei aufzugeben oder das Haus. Nach der zweiten Flasche Champagner erklärte er mir, er werde sich vom Haus trennen.

Meine Empfindungen sind zur Zeit ziemlich durcheinander. Das Gefühl von Verlust ist so unabweisbar wie damals, als Mom starb. Dad will offenbar in ein kleines Appartement über der Druckerei ziehen. Er sagte, ich soll meine Sachen durchgehen, was ich behalten will und was weg kann.

1. Januar, 15 Uhr

Habe folgende Verfügung über meine weltlichen Güter getroffen: Behalten werde ich meinen Hammer, den Satz Schraubenzieher, Brief und Bild von J. Edgar Hoover, das Foto von Efrem Zimbalist, einen Rucksack, Taschenmesser, Pfadfinderhandbuch, wasserfeste Zündhölzer, Baseballkarte von Duke Snyder, Kompaß, Feldflasche, Isolierband, meine Anzüge, diverse Kleidungsstücke für jedes Wetter, Weltkarte, eine Ausgabe von »Moby Dick«, ein kleines Foto von Marie und einen warmen Hut.

Glaube, ich habe nichts vergessen. Mit diesen Gegenständen sollte ich jeder erdenklichen Lage gewachsen sein, in der ich mich künftig befinden könnte, physisch wie psychisch.

30. Januar, 13 Uhr

Habe Dad beim Umzug in das Appartement über der Druckerei geholfen. Er hat eine der Aluminiummarkisen an unserem Haus abgenommen und über sein Bett gehängt. Alles andere hat die Bank. Komme mir vor, als stäche ich in See, ohne einen Heimathafen, zu dem ich zurückkehren kann . . . Auf eine seltsame Art ist das vielleicht auch eine Befreiung.

10. Februar, 2 Uhr

Lege gerade die letzten Prüfungen für ein vorzeitiges Examen ab. Die Bewerbung fürs FBI ist fertig und wird losgeschickt, sobald ich meine Examensurkunde habe. Bin total konzentriert. Stelle fest, daß ich nur drei- oder viermal am Tag an Sex denken muß statt der normalen stündlichen Beschäftigung mit diesem Thema.

IN DEM EINEN JAHR WARTEZEIT BIS ZUM VORGESCHRIEBENEN MINDESTALTER FÜR DEN EINTRITT INS FBI MACHTE DALE NUR ZWEI AUFNAHMEN. SEINE GENAUEN LEBENSUMSTÄNDE WÄHREND DIESER ZEIT SIND UNBEKANNT.

August

Weiß nicht, welcher Tag heute ist. Wünschte, ich hätte Gummistiefel mitgenommen.

Februar 1977

Das Böse hat tatsächlich ein Gesicht.

4. TEIL

1. KAPITEL

10. Juni 1977, 19 Uhr

Philadelphia. Morgen mache ich die schriftliche Eignungsprüfung fürs FBI.

11. Juni, 16 Uhr

Habe die schriftliche Prüfung in Rekordzeit absolviert. Jedenfalls sagten das die Leute vom FBI. Der nächste Schritt ist ein Bewerbungsgespräch mit zwei Spezialagenten und eine Durchleuchtung meiner Vergangenheit.

20. Juni, 17 Uhr

Bewerbungsgespräch beendet. Die Diskussion umfaßte philosophische wie praktische Fragen. Beide Agenten waren sehr beeindruckt von meiner signierten Fotografie J. Edgar Hoovers.

10. Juli, 19 Uhr

Alles klappt bestens. Melde mich am 1. September bei der FBI-Akademie in Quantico, Virginia. Werde in der Zwischenzeit in die Pocono-Berge fahren, um mich körperlich und geistig vorzubereiten.

20. Juli, 1 Uhr

Habe am Abend einem extrem schlechten jüdischen Komiker zugehört, um mich mental auf die anstehenden Prüfungen vorzubereiten. Morgen geht's ab in die Wildnis, ausgerüstet mit zwei Streichhölzern, einem Messer, einem Stück Schnur und einer Büroklammer.

30. Juli, 21 Uhr

Die Sterne scheinen heller als jemals zuvor. Hatte ein vorzügliches Abendessen: Pilze, Kräuter und eine Forelle, die ich mit der Büroklammer gefangen habe. Eine Decke von Tannennadeln wird mich die Nacht über warmhalten.

Allmählich verstehe ich, daß mein ganzes Leben samt all diesen zufällig wirkenden Randerscheinungen mich auf den Weg gewiesen hat, den ich nun einschlage. Ich darf und werde nichts weniger als einen vollen Erfolg der Mission hinnehmen, zu der ich jetzt aufbreche. Die nächsten 24 Stunden werde ich fasten, und danach beginnt die Reise.

1. August, 21 Uhr

Hätte sehr gern ein großes Stück Kuchen.

15. August, 15 Uhr

Bleibe ein paar Tage bei Dad, bevor ich nach Virginia fahre. Das Geschäft scheint sich zu erholen, seit er die restlichen Mondkarten an »National Geographic« verkauft hat.

Bekam einen Brief von meinem Bruder Emmet. Er nennt mich ein Werkzeug des Establishments und sagt, ich würde in der tiefsten Hölle landen . . . War schön, von ihm zu hören.

1. September, 22 Uhr

Quantico, Virginia. Legte gemeinsam mit dem Rest der Klasse gleich bei der Ankunft meinen Eid ab. Morgen früh beginnt der Unterricht in Verfahrensrecht, körperlicher Fitness und dem Gebrauch von Feuerwaffen.

Ein Wort zum Campus: Eine ruhigere, gepflegtere Umgebung als die Landschaft Virginias kann man sich für die Vorbereitung auf den Kampf gegen das Böse kaum vorstellen. Mein Zimmergenosse für die nächsten vierzehn Wochen ist John Lewis aus Kentucky. Ein guter Schütze, vermute ich. Er wird sicher bei den Klassenbesten sein.

10. September, 23 Uhr

Hatte recht mit Johns Schießqualitäten. Er und der Ausbilder hätten mich mit der Pistole im stehenden Anschlag beinahe überflügelt, bis ich erkannte, daß die Waffe, die ich benutzte, einen Defekt hatte. Die Kugel rotierte falsch im Lauf. Die Pistole wurde neu justiert, und ich beendete den Durchgang mit sechs Schüssen ins Schwarze.

12. September, 21 Uhr

Sämtliche Verbrechen können ihren Ursachen nach in drei einfache Kategorien eingeteilt werden. Diese Ursachen sind: Leidenschaft, Gewinnsucht und Geisteskrankheit. Der erste Schritt zur Lösung eines Falles besteht darin, herauszufinden, zu welcher Kategorie das Verbrechen gehört. Verbrechen aus Leidenschaft oder Gewinnsucht sind leicht zu erkennen. Die Motive sind klar. Ein Verbrechen, dessen Ursache in einer Geisteskrankheit liegt, ist eine ganz andere Sache. Es sieht oft wie eines derjenigen aus den beiden anderen Kategorien aus. Und es gibt keinen entschlosseneren Menschen als den, der sich seine eigene Realität geschaffen hat. Aus diesem Grund ist der geisteskranke Verbrecher der gefährlichste. Im Wahnsinn gibt es keine Grauzone. Er ist eine absolute Form der Wahrheit, wenn auch einer verdrehten Wahrheit.

14. September, 23.30 Uhr

Untersuchte unseren ersten simulierten Tatort und werde versuchen, die Umstände hier zu rekonstruieren.

Der Ort war ein Motelzimmer, in dem vermutlich das Opfer einer Entführung festgehalten worden war. Das Bett machte den Eindruck, als hätte eine Person darin geschlafen, ein Mann mit kurzem braunem Haar. Faserspuren auf dem Teppich ließen mich vermuten, daß das Opfer, eine Frau, an einen Stuhl gefesselt war, wo sie mit Pommes frites gefüttert wurde . . . deren Gegenwart schloß ich aus dem noch wahrnehmbaren Geruch von tierischem Fett und einigen Fettflekken auf dem Teppich, wo die Pommes frites gestanden haben müssen. Ich glaube, das war ihre allerletzte Mahlzeit. Diese Meinung wurde von keinem der anderen Studenten geteilt. Der Beweis für einen Mord konnte meiner Auffassung nach auf dem Kopfkissen und dem Bett gefunden werden. Außer kurzen braunen Haaren von dem Kidnapper fanden sich noch einige kleine Löcher im Kissen, die nur von jemandem stammen konnten, der erstickt wurde. Ich denke, Labortests werden darüber hinaus noch Speichelrückstände auf dem Kissenbezug ergeben und Spuren von Urin auf der Bettdecke, wo die Frau die Kontrolle über ihre Blase verlor, als sie angegriffen wurde.

Die Ergebnisse unserer Analyse – und wer recht hatte – werden morgen früh bekanntgegeben.

15. September, 9 Uhr

Habe hundertprozentig richtig gelegen.

20. September, 21 Uhr

Das Schießen mit einem Maschinengewehr ist eine ernüchternde Erfahrung.

22. September, 22 Uhr

Studierte den Fall Eugene L. Motts. Motts war ein Erpresser, der mit drei Millionen Dollar davongekommen wäre, hätte er nicht einen Fehler begangen: Er schenkte seiner Frau Blumen. Dieses Ereignis war so ungewöhnlich, daß es den Verdacht in ihr weckte, er hätte ein Verhältnis mit einer anderen Frau. Deshalb heuerte sie einen Privatdetektiv an und ließ ihren Mann beschatten. Der Detektiv fand zwar keine andere Frau, dafür aber ein Schließfach voller Geld. Die Moral von der Geschichte ist, daß keine Veränderung im Verhalten, und sei sie auch noch so winzig, bei der Untersuchung eines Verbrechens übersehen werden darf.

25. September, 19 Uhr

Hatte heute nachmittag einen Kurs in Selbstverteidigung und Körpertraining. Bin schon ganz gut darin, mich vom Ausbilder gegen eine Wand werfen zu lassen.

25. September, 23 Uhr

Es gibt auch eine Frau in unserer Klasse, eine Person mit sehr viel Energie. Dazu ist sie schön und schießt ausgezeichnet. Sie wird morgen meine Partnerin sein bei einem simulierten Einsatz zur Geiselbefreiung.

26. September, 11 Uhr

Die Ereignisse der letzten Stunden zwingen mich zur Überprüfung meiner Entscheidung, in die Akademie einzutreten. Nichts wiegt schwerer bei der Verbrechensbekämpfung als der Verlust des Lebens deines Partners. Wenn das keine Simulation gewesen wäre, dann wäre die Agentin Robin jetzt tot und ich dafür verantwortlich.

27. September, 0 Uhr

Habe die Ereignisse des heutigen Vormittags wieder und wieder überdacht und bin jedesmal zum selben Resultat gekommen. Die Anziehung, die Robin auf mich ausübt, trübte mein Urteilsvermögen, und die Situation geriet außer Kontrolle. Im Ernstfall wäre meine Partnerin erschossen worden. Niemals wieder darf persönliche Schwäche meine Wachsamkeit herabsetzen.

Verbrachte einige Stunden allein in der Hall of Honor, wo Agenten, die im Kampf gegen das Verbrechen ihr Leben ließen, verewigt sind. Als ich gerade gehen wollte, bemerkte ich, daß ich nicht allein war. Robin war ebenfalls da. Die Zuneigung, die ich für sie empfinde, wird erwidert. Doch in der jetzigen Situation ist uns beiden klar, daß wir nichts unternehmen können. Es ist einfach nicht der richtige Ort oder der richtige Zeitpunkt.

WÄHREND SEINER AUSBILDUNG AN DER AKADEMIE MACHTE DALE NUR NOCH EINE AUFNAHME.

25. November, 1 Uhr

Thanksgiving. War bei einem Truthahnessen, das aus Bratensaft – zumindest hielt ich es dafür –, Füllung und Kartoffelpüree bestand. Dazu gab es etwas Grünes, das selbst die fähigsten Köpfe des FBI nicht identifizieren konnten. Der Kürbiskuchen war ganz besonders enttäuschend.

2. KAPITEL

11. Dezember, 15 Uhr

Hier spricht Spezialagent Dale Cooper vom FBI. Bin stolz und zufrieden wie noch nie in meinem Leben. Spreche in ein neues, sehr handliches Diktiergerät, das Dad als Geschenk mitbrachte, als er zur Abschlußfeier kam.

Bin bei der Auszeichnung der Jahrgangsbesten nur zweiter hinter Robin geworden. Sie ist die erste Frau, die diesen Titel errungen hat, und stach mich durch ihren meisterhaften Umgang mit dem Maschinengewehr aus. Morgen erfahre ich, wo ich eingesetzt werde.

12. Dezember, 10 Uhr

Habe meinen ersten Posten zugewiesen bekommen. Muß in einer Woche bei der Außenstelle in Pittsburgh antreten, die einer Spezialtruppe zur Bekämpfung von Gewaltverbrechen angegliedert ist. Habe mich von den vielen neuen Freunden verabschiedet. Robin geht nach San Francisco, wo sie bei der Drogenfahndung eingesetzt wird. Wir machten einen Spaziergang zu den Schießständen und gaben jeder ein paar Schüsse ab; es ging unentschieden aus. An einem anderen Ort zu einer anderen Zeit wäre vielleicht etwas zwischen uns geschehen. So aber bleiben mir als Erinnerung nur ein sehr bemerkenswerter Kuß und sechs Schüsse aus unseren Dienstwaffen. Ich hoffe, daß ihr nichts passiert und unsere Wege sich eines Tages noch einmal kreuzen.

18. Dezember, 20 Uhr

Pittsburgh, Pennsylvania. Habe ein kleines Appartement über einer Bäckerei gemietet. Es geht nichts über den Geruch nach frischen Doughnuts beim Aufwachen. Trete morgen in der

Außenstelle meinen Dienst an. Revolver gereinigt, Dienstmarke poliert, Anzug gebügelt.

5. TEIL

1. KAPITEL

»Ich erinnere mich noch genau an mein erstes Zusammentreffen mit Cooper, weil er den saubersten Revolver hatte, den ich je gesehen habe.«

Aldo Smith,
FBI-Spezialagent

19. Dezember 1977, 21 Uhr

Habe mir nie vorgestellt, daß Verbrechen so viel Papierkram verursachen. Habe meinen ersten Arbeitstag am Schreibtisch verbracht und Berge von Papier durchgesehen, die mir mein Vorgänger hinterlassen hat. Bin enttäuscht, daß ich nicht gleich an meinem ersten Tag jemanden der Justiz überantworten konnte. Man hat mir eine Sekretärin zugeteilt. Sie heißt Diane. Glaube, ihre Erfahrung wird eine große Hilfe für mich sein. Sie wirkt wie eine interessante Mischung aus einer Nachtclubsängerin und einer Heiligen.

WÄHREND AGENT COOPERS GESAMTER DIENSTZEIT BEIM FBI WURDEN IMMER WIEDER EINZELNE BÄNDER AUS SICHERHEITSGRÜNDEN ZENSIERT.

10. Januar 1978, 11 Uhr

Erhielt eben Nachricht von einer Entführung in der Stadt Perrysville. Ich glaube, jetzt wird es ernst, mein erster Fall.

10. Januar, 13 Uhr

Diane, ich schaue gerade auf eine kleine gelbe Decke mit einem Elefantenmuster. Sie liegt auf dem Boden vor dem Fenster, durch das die achtjährige Chris Roe aus ihrem Elternhaus entführt worden ist. Keine Lösegeldforderung bisher. Und niemand im Haus erinnert sich, in der vergangenen Nacht irgend etwas Auffälliges bemerkt zu haben.

Im Schnee vor dem Fenster wurden die Schuhabdrücke von zwei Personen gefunden. Eine trug Arbeitsstiefel mit geriffelter Sohle, die andere billige Halbschuhe. Die Spur führte etwa vierhundert Meter weit die Straße entlang, bis sie auf die Spuren eines Autos mit stark abgefahrenen Reifen stieß. Keine Fingerabdrücke. Der einzige Hinweis auf die Entführer ist die Kippe einer Zigarette, die geraucht wurde, als sie das Auto erreichten.

Soweit die Fakten. Was sie nicht ausdrücken, ist, daß keine noch so gute Ausbildung einen auf die Wirklichkeit eines solchen Verbrechens vorbereiten kann.

10. Januar, 17 Uhr

Diane, neben der Zigarettenkippe ist im Schnee ein schwarzes Schnurrbarthaar gefunden worden. Das ist nicht viel, aber vielleicht ein Anfang.

10. Januar, 23 Uhr

Diane, ich hoffe, es macht Ihnen nichts aus, daß ich die Bänder immer an Sie richte, sogar wenn klar ist, daß ich mit mir selbst rede. Das Wissen, daß jemand mit Ihrem Scharfsinn hinter mir steht, ist beruhigend.

Im Haus der Roes ist jetzt alles still. Wir warten auf den Anruf, der mit Sicherheit kommen wird.

11. Januar, 9.20 Uhr

Diane, wir verbrachten die Nacht ohne jede Nachricht.

11. Januar, 11 Uhr

Diane, habe festgestellt, daß der Tabak der Zigarette, die in der Nähe des Fluchtfahrzeugs gefunden wurde, ungewöhnlichen Ursprungs ist. Fand heraus, daß es zwei Tabakwarenläden in der Gegend gibt, und bin jetzt dorthin unterwegs. Noch immer kein Wort von den Kidnappern.

11. Januar, 13 Uhr

Diane, stehe vor dem Petrini Smoke and Book Shop. Bitte überprüfen Sie die Bankverbindungen des Inhabers, Steven Petrini, ob er irgendwie in finanziellen Schwierigkeiten steckt. Mein Instinkt und sein schwarzer Schnurrbart sagen mir, daß es so ist. Schicke gleichzeitig etwas Tabak ins Labor, um zu sehen, ob er zu der Zigarette am Tatort paßt.

11. Januar, 15 Uhr

Ohne jeden Zweifel ist der Buchhändler einer der Entführer, Diane. Der Tabak war identisch. Lasse jetzt sein Telefon abhören und warte darauf, daß sie ihren nächsten Zug machen. Sein Komplize scheint ein Imker namens Tess mit einem Bücherfimmel zu sein. Er war in der vergangenen Stunde viermal in dem Laden.

11. Januar, 18 Uhr

Sie haben ihren Zug gemacht, Diane, und verlangen 100 000 Dollar. Offensichtlich läuft das Geschäft mit Gedichtbänden nicht mehr so wie früher. Die einzige offene Frage ist jetzt, ob das kleine Mädchen noch lebt und wo es sich befindet. Der Vater soll mit dem Auto das Geld an einem Ort deponieren, der ihm über Sprechfunk unterwegs mitgeteilt wird. Dann erfährt er auch, wo er seine Tochter findet.

11. Januar, 19 Uhr

Warten.

11. Januar, 19.15 Uhr

Alle Polizeikräfte sind im Einsatz, beim Tabakwarenladen wurde geschossen. Ich hole jetzt das Mädchen.

11. Januar, 23 Uhr

Diane, ich habe heute Dinge gesehen, die kein Mensch sehen sollte. Das kleine Mädchen ist am Leben und in Sicherheit, doch kein Kind sollte je solche Qualen erleiden müssen. Welche Erinnerungen sie für den Rest ihres Lebens verfolgen werden, kann man sich schwer vorstellen.

Ich fand sie an einen Baum gekettet, ein unterkühltes, verängstigtes Tier. Außer sie der Kälte auszusetzen, haben sie ihr physisch nichts angetan. Die Zeit wird erweisen, ob ihre anderen Wunden heilen. Die Unmenschen, die diese Tat begangen haben, sind in Haft. Beide werden dort, wo sie die nächsten zwanzig Jahre verbringen, viel Zeit zum Lesen haben.

Diane, ich hatte gehofft, daß der erfolgreiche Abschluß meines ersten Falls mich mit einem Gefühl der Befriedigung erfüllen würde, wie ich es noch nie zuvor erlebt habe, abgesehen vielleicht von ein paar Momenten mit einer Studentin von Bryn Mawr bei einem Grillfest der verschiedenen Fakultäten. Leider empfinde ich hauptsächlich Leere. Der Anblick eines erschreckten und verängstigten Kindes, das man wie ein Tier angekettet hatte, ist mir noch zu frisch im Gedächtnis. Vielleicht gestatte ich mir morgen einen Augenblick der Befriedigung . . . Vielleicht auch nicht. Gute Nacht, Diane.

20. Januar, 15 Uhr

Diane, bitte schreiben Sie eine Notiz an die Beschaffungsstelle. Und zwar über den Kaffee, mit dem das FBI versorgt wird. Bis ich in dieses Büro kam, war mir noch nie eine Kaffeesorte begegnet, die ich nicht mochte. Ich kann mich nur fragen, in welchem gottverlassenen Winkel eines Proviantlagers der Regierung sie diese Mischung ausgegraben haben und in welchem Krieg sie erbeutet worden ist.

4. Februar, 10 Uhr

Diane, ich stehe hier im Keller eines verlassenen Mietshauses. Der Boden ist aus Lehm. Vor mir sehe ich mehrere anscheinend frische Gräber in einer Reihe. Aus einem ragt eine Hand heraus. Es scheint eine Frauenhand zu sein, sie hat einen dünnen Silberreif am Ringfinger. Experten der Gerichtsmedizin sind unterwegs hierher und werden mit der Exhumierung beginnen.

Schnell wird mir klar, daß die Wirklichkeit meine schlimmsten Befürchtungen weit hinter sich läßt.

4. Februar, 11 Uhr

Diane, was wissen Sie über einen Spezialagenten namens Albert Rosenfelt, und warum ist er so wütend?

4. Februar, 20 Uhr

Insgesamt sind es drei Leichen, Diane. Alle weiblich und offenbar zwischen sechzehn und dreißig Jahre alt. Die Todesursache ist noch nicht festgestellt. Diane, wer immer das getan haben mag – ich kann mir beim besten Willen nicht vorstellen, daß es ein menschliches Wesen war.

5. Februar, 1 Uhr

Ich fürchte, die Macht, die hier am Werk war, ist dieselbe, der ich schon in Haverford begegnet bin. Das habe ich niemandem gegenüber geäußert. Die Anerkennung des Bösen als ein Wesen, das außerhalb unseres Begriffshorizonts existiert, gehört nicht zur offiziellen Politik des FBI.

DAS VERFAHREN IST NOCH NICHT ABGESCHLOSSEN; ALLE BÄNDER, DIE SICH DAMIT BEFASSEN, SIND UNTER VERSCHLUSS.

2. KAPITEL

3. April, 22 Uhr

Ein neuer Spezialagent trifft morgen hier ein, um die Außenstelle Pittsburgh zu leiten. Er heißt Windom Earle. Ich glaube, wir sind uns schon einmal begegnet.

4. April, 14 Uhr

Zu meiner großen Überraschung erinnerte sich Agent Earle an unsere Begegnung auf der Job-Messe. Er sagte, seit dem Tag, an dem ich in die Akademie eingetreten bin, hätte er meinen Werdegang verfolgt und wäre bislang nicht enttäuscht worden. Ich vermute, ich kann von diesem Mann viel lernen.

16. April, 7 Uhr

Mr. Baldini, der Besitzer der Bäckerei unter mir, legt seit neuestem morgens immer ein Doughnut vor meine Tür. Muß daran denken, seiner Frau eine gute, große Wurst zu kaufen.

1. Mai, 14 Uhr

Diane, habe vor der Eastern Savings and Loan Bank Posten bezogen. Drinnen haben zwei Männer eine unbekannte Zahl von Geiseln in ihrer Gewalt. Ein toter Polizist liegt vor dem Eingang auf dem Pflaster. Wir sind darauf vorbereitet, anzugreifen, wenn . . . Das war ein Schuß! Verdammt!

1. Mai, 23 Uhr

Diane, im Moment wünschte ich, ich wäre kein FBI-Beamter. Ich möchte einfach nur auf einer Wiese im Himalaja sitzen und ganz für den Augenblick leben.

Ich habe heute einen Menschen getötet. Folgendes hat sich abgespielt: Zwei Männer hatten sich mit sechs Geiseln in einem Büro im Inneren der Bank verschanzt. Wir waren rings um das Gebäude postiert und hatten alle Ausgänge besetzt. Ein Polizist war erschossen worden. Aus irgendeinem Grund – das wird noch untersucht – hielt einer der Männer dem Bankpräsidenten einen Revolver an die Stirn und drückte ab. Der Präsident war sofort tot. Daraufhin griffen wir ein. Ich war bei dem Team, das durch den Hintereingang ins Gebäude eindrang. Das Team am Vordereingang mußte sich zurückziehen, da aus der Bank heraus das Feuer eröffnet wurde. Das Team auf dem Dach sah sich einer verschlossenen Brandschutztür im Inneren des Gebäudes gegenüber, die sich nicht öffnen ließ.

Windom und ich waren die beiden einzigen Agenten, die ohne Widerstand ins Gebäude gelangten. Ich stellte einen der Täter, als er aus dem Büro kam und in Richtung Vordereingang feuerte. Mein schriftlicher Bericht stellt fest, daß er aufgefordert wurde, stehenzubleiben und die Waffe fallenzulassen. Das tat er nicht. Ich gab zwei Schüsse aus einem Dienstgewehr ab, die ihn beide in die Brust trafen. Der Täter schoß noch einmal in den Boden und brach zusammen. Der zweite Täter ergab sich daraufhin widerstandslos.

Als ich ins FBI eintrat, war es niemals meine Absicht oder mein Ziel, Menschen zu töten. Im Gegenteil, ich wollte Menschen retten und beschützen. Ich habe einen Schritt getan, auf den einen keine Ausbildung der Welt vorbereiten kann, und ich weiß nicht, wohin mich dieser Schritt führt.

Wie in einem solchen Fall üblich, habe ich einige Tage frei bekommen, um mit dem Ereignis fertig zu werden. Windom hat mich für morgen zum Abendessen eingeladen. Danach wollen wir Schach spielen.

Habe Dad angerufen und ihm von dem heutigen Tag

erzählt. Seine Stimme klang traurig. Er weiß, daß ich nun ein Mitglied in einem Club bin, dem kein denkender oder fühlender Mensch angehören will. Er konnte mir nichts sagen, weil er wußte, daß keine Worte für das existieren, was ich jetzt durchmache.

2. Mai, 9 Uhr

Erhielt Blumen von Diane und ein halbes Dutzend Doughnuts von Mr. Baldini. Habe sehr schlecht geschlafen, spürte die ganze Nacht den Rückstoß des Gewehrs an meiner Schulter.

2. Mai, 23 Uhr

Beim Schach muß ich noch sehr viel lernen. Windom setzte mich in sieben Zügen matt.

Seine Frau Caroline ist ein bemerkenswerter Mensch. Als wir einen Moment allein waren, erzählte sie mir, wie Windom zum ersten Mal seine Waffe gebrauchen mußte. Sie sagte, sie hoffe, daß mein Leben dadurch nicht so verändert wird wie das von Windom. Ich frage mich, was sie damit gemeint hat.

12. Mai, 15 Uhr

Als Teil der Maßnahmen nach einem tödlichen Schuß redete ich heute eine Stunde lang mit einem Psychiater des FBI über die Sache. Ich habe den starken Verdacht, daß dieser Hirnpfuscher ein emotional isoliertes Kind war und möglicherweise in einer Höhle unter wilden Tieren aufgewachsen ist.

15. Mai, 11 Uhr

Bin zur Schreibtischarbeit abkommandiert, ohne jede Hoffnung auf ein Entrinnen in nächster Zukunft. Es mag ein

Fehler gewesen sein, dem Psychiater vorzuschlagen, er sollte sich mit seinem Vater aussöhnen und seine Mutter nicht mehr dafür verantwortlich machen, daß er sich zu anderen Männern hingezogen fühlt.

10. Juni, 13 Uhr

Glaube, ich bin zum ersten Mal einem Rätsel ohne Lösung begegnet: Wie kommen die kleinen Schneeflocken in meinen Briefbeschwerer?

2. Juli, 3 Uhr

Diane, ich bin eben aus einem Traum aufgewacht, der mehr ist als das Zufallsprodukt von Synapsen, die Neurotransmitter im Gehirn freisetzen. In dem Traum sitzt mir ein Mann ohne Beine auf einem grünen Sessel gegenüber. Eine Zeitlang schweigt er, dann fängt er an zu lachen und sagt mir, daß ich nicht weglaufen kann, daß *Es* direkt hinter mir ist und töten wird. Ich bin dann von einem Schrei aufgewacht.

Die Frage ist: Was ist *Es,* und wie kann ich *Es* aufhalten?

15. Juli, 9 Uhr

Endlich bin ich aus den Fesseln der Schreibtischarbeit befreit. Der FBI-Psychiater liegt in anscheinend stabilem Zustand auf der Intensivstation, nachdem er seinen Kopf in den Backofen gesteckt und das Gerät auf maximale Hitze geschaltet hat. Habe herausgefunden, daß es Windom war, der mich hier rausgeholt hat. Wir werden Partner. Das Bild des Mannes ohne Beine und seine Worte lassen mich nicht los.

28. Juli, 17 Uhr

Diane, ich stehe vor der Leiche eines ungefähr dreißigjährigen Mannes. Seine Arme sind auf den Rücken gebunden, offenbar wurde er in den Hinterkopf geschossen. Seine Hände sind abgetrennt, die Zähne zerschlagen, das Gesicht zerstört. Wer und was er war, wird man vielleicht nie erfahren. Die Tat scheint das Werk des organisierten Verbrechens zu sein.

1. August, 21 Uhr

Diane, habe eben einen Anruf von Windom bekommen. Bin auf dem Weg, ihn in einer Gegend zu treffen, in der hauptsächlich kriminelle Elemente verkehren. Es lag ein Unterton in seiner Stimme, den ich nicht kannte. Das hat zwar mit dem normalen Vorgehen des FBI nichts zu tun, aber ich fühle mich gezwungen, Windoms jahrelanger Erfahrung nachzugeben.

1. August, 23 Uhr

Diane, ich habe Windoms Auto gefunden. Von ihm selbst war weit und breit nichts zu sehen. Betrete ein verlassenes Gebäude . . . Ich habe ein sehr schlechtes Gefühl bei dieser Sache . . . Ich betrete das Haus durch ein Loch in der Mauer . . . Bewege mich durch die Reste einer Eingangshalle aufs Treppenhaus zu . . . Da oben ist etwas . . . Diane, am oberen Ende der Treppe habe ich Windoms Brieftasche und seinen Ausweis gefunden . . . Ich gehe weiter . . .

2. August, 1 Uhr

Diane, gegen 23.10 Uhr kam ich zu einer Tür, auf die mit Kreide ein großes X gemalt war. Ich öffnete sie. Der Raum war leer – bis auf zwei Dinge: In der Mitte des Zimmers, schwach beleuchtet vom Mondlicht, das durch ein Loch in der Wand einfiel, lagen zwei abgetrennte Hände.

Sie gehören, glaube ich . . . prüfen Sie das. Glauben heißt nicht wissen. Labortests werden ermitteln, ob sie zu der am 28. Juli gefundenen Leiche gehören. Wenn dem so ist, dann waren sie in der Zwischenzeit sicher tiefgefroren, denn sie weisen nur wenige Spuren von Verwesung auf.

Kein Lebenszeichen von Windom.

2. August, 3 Uhr

Diane, komme gerade aus Windoms Haus, von einem langen Gespräch mit Caroline. Ihren Angaben zufolge erhielt Windom gestern abend gegen 19 Uhr einen Anruf. Kurz darauf verließ er das Haus mit den Worten, sie sollte nicht aufbleiben und auf ihn warten. Wer angerufen hatte und warum, sagte er ihr nicht.

Finde meine Fähigkeiten, Hilfe und Trost zu geben, äußerst unbefriedigend. Ich konnte Carolines Sorgen wegen des Verschwindens von Windom nicht vertreiben. Aber sie ist stark, eine sehr bemerkenswerte Frau.

2. August, 8 Uhr

Diane, es ist wieder eine Leiche gefunden worden. Dieselben Umstände: Arme auf den Rücken gebunden, Hände abgetrennt, Zähne und Gesicht zerstört, eine Kugel im Kopf. Die Laborberichte enthalten etwas höchst Beunruhigendes: Die Zerstörung des Gesichts und das Abtrennen der Hände erfolgten, als das Opfer noch am Leben war. Der Mann ist gefoltert worden. Die Fingerabdrücke der abgetrennten Hände identifizieren sie als diejenigen von Louis Dante, eine zweitrangige Figur innerhalb des organisierten Verbrechens im Raum Pittsburgh. Vorstrafen wegen Erpressung und Mordversuch. Erfahre in ein paar Stunden, ob die Hände und die Leiche zusammengehört haben. Ich wette, ja.

Windom muß hinter irgendwas hergewesen sein. Ich wüßte gerne, wer ihn gestern abend angerufen hat. Mache mir große Sorgen um ihn.

2. August, 21 Uhr

Nun ist Windom schon seit 24 Stunden verschwunden. Diane, mit jeder Stunde wird sein Schicksal ungewisser. Habe mit Caroline gesprochen. Sie hält sich gut . . . *(Im Hintergrund ist das Läuten eines Telefons zu hören.)* Entschuldigen Sie mich . . . Jemand hat mir gesagt, ich soll zu einem alten Lastkahn auf dem Ohio River kommen. Ich soll allein kommen. Was mich dort erwartet, weiß ich nicht.

2. August, 23 Uhr

Stehe neben einem Kran. Vor mir, halb unter Wasser, liegt der Lastkahn. Im schwachen Mondlicht kann ich in der Mitte des Schiffes zwei weiße Gegenstände ausmachen . . . Es sind Hände, die wie die anderen an den Handgelenken abgetrennt sind. Es gibt jedoch einen Unterschied: Eine Hand hält ein kleines schwarzes Quadrat aus Pappe, die andere ein weißes. Was das bedeuten soll, weiß ich im Augenblick nicht. Welches Spiel wird hier gespielt, Diane?

3. August, 10 Uhr

Der stellvertretende Direktor der Bundespolizei ist eingetroffen, um die Ermittlungen zu beaufsichtigen. Sein Name ist Gordon Cole. Scheint schlecht zu hören, hat aber dafür die lauteste Stimme, die ich je gehört habe. Ging den Fall mit ihm durch, erklärte ihm die Zielrichtung unserer Ermittlungen, und er gab sein Okay. Dann rauschte er wieder nach Washington ab, so schnell und lautstark, wie er gekommen war.

3. August, 16 Uhr

Caroline hat ein Lebenszeichen von Windom bekommen. Ich bin unterwegs zu ihr.

3. August, 17 Uhr

Diane, um zwei Minuten vor 16 Uhr erhielt Caroline einen Anruf. Die Stimme war kaum hörbar, aber sie ist davon überzeugt, daß es Windom war. Er sagte nur zwei Worte, die er einmal wiederholte: »Ich versinke, ich versinke.« Dann wurde die Verbindung unterbrochen. Woher der Anruf kam, ist unbekannt. Ich hatte ohne Carolines Wissen ihr Telefon überwachen lassen, doch der Anruf war so kurz, daß nur festgestellt werden konnte, daß es ein Ortsgespräch war.

Verständlicherweise ist Caroline sehr nervös. Aber sie ist stark und hält sich großartig. Meine Bewunderung für sie wächst von Stunde zu Stunde. Ich fürchte, wenn wir Windom nicht bald finden, wird er wohl nicht mit dem Leben davonkommen.

3. August, 19 Uhr

Das zweite Opfer ist identifiziert: Jimmy Lester, ein kleiner Dieb mit einer Unzahl von Vorstrafen. Über eine Verbindung zwischen den beiden Opfern ist nichts bekannt. Es gibt keinen Beweis, daß sie je miteinander zu tun hatten, sei es in privatem Rahmen, sei es bei irgendwelchen Verbrechen. Einer war ein einfacher Dieb, der andere ein Geldeintreiber des organisierten Verbrechens.

4. August, 22 Uhr

Städtisches Krankenhaus. Heute früh um 9.30 Uhr kam Windom ins Büro und brach zusammen. Die Fragen nach seinem

Verbleib während der letzten drei Tage werden warten müssen, bis er wieder zu Kräften gekommen ist. Er steht unter ständiger Beobachtung und schläft fast ununterbrochen. Ob er einen bleibenden Schaden davongetragen hat, wird sich erst morgen früh herausstellen. Caroline ist bei ihm und wartet, ebenso das FBI.

Ich weiß, es gibt eine Antwort auf dieses Rätsel. Zwei ermordete Verbrecher, abgetrennte Hände, ein schwarzes Quadrat, ein weißes Quadrat. Windoms Worte zu Caroline: »Ich versinke, ich versinke.« Ich komme nicht auf die Verbindung zwischen dem allen. Ich brauche seine Hilfe.

5. August, 7.30 Uhr

Vor einer Stunde habe ich das folgende Gespräch mit Windom aufgenommen:

WINDOM: Ist das die Sonne?
COOPER: Ja.
WINDOM: Gut.
COOPER: Können Sie mir etwas über die letzten vier Tage sagen?
WINDOM: Sie sind ein guter Schüler, Coop.
COOPER: Die letzten vier Tage. Erinnern Sie sich, wo Sie waren?
WINDOM: *(lacht)* Risse in der Tür.
COOPER: Was haben Sie gesehen?
WINDOM: Gesehen?
COOPER: Ja, was haben Sie gesehen?
WINDOM: Dale Cooper.
COOPER: Was haben Sie gesehen?
WINDOM: Den Abgrund, Coop. Den Abgrund.
COOPER: Was haben Sie dort gefunden?
WINDOM: Gefunden?
COOPER: Ja.
WINDOM: Wunderbare Dinge.

An dieser Stelle verlor Windom das Bewußtsein. Ich versuche es weiter, sobald er wieder wach ist. Ob das nun klare Gedanken waren oder die Worte eines Mannes, der noch immer unter Schock steht, weiß ich nicht.

5. August, 21 Uhr

Was mit Windom in den letzten vier Tagen geschehen ist, werden wir vielleicht nie erfahren. Er erinnert sich an nichts, zumindest an nichts, das uns beim Lösen dieser rätselhaften Mordfälle, die mit seinem Verschwinden zu tun haben, helfen könnte.

Ich bin sicher, die Bedeutung dieses Blickes in den Abgrund mit den wunderbaren Dingen ist der Schlüssel zu dem, was ihm widerfahren ist, aber auch diese Worte werden ihr Geheimnis bewahren. An unsere vorherige Unterhaltung erinnert er sich auch nicht mehr.

Steht mein Traum damit irgendwie in Verbindung? Ein Mann ohne Beine, der mir sagt, ich kann nicht davonlaufen. *Es* ist hinter mir. Leichen ohne Hände. Der Abgrund und wunderbare Dinge. Ich spüre etwas Dunkles hinter all dem. Aber ich kann die einzelnen Stücke nicht zusammenfügen. Was mit ihm passiert ist, ist für ihn ebenso ein Rätsel wie für uns. Ich bin froh, daß er wieder da ist; möglicherweise können wir beide gemeinsam das Puzzle zusammensetzen. Im Moment, sagt er, freut er sich nur auf eine ruhige Partie Schach.

WEITERE ERMITTLUNGEN IN DEN NÄCHSTEN VIER MONATEN VERLIEFEN SÄMTLICH ERGEBNISLOS. ES HAT IN DIESEM FALL NIE EINE VERHAFTUNG GEGEBEN.

3. KAPITEL

20. Januar 1979, 9 Uhr

Diane, die Leute von der Buchhaltung sagen, ich hätte genug Überstunden für einen Urlaub angesammelt. Zehn Tage Zwangsexil. Windom hat mir eine kleine Insel südlich der Grenze genannt, wo ich billig Urlaub machen kann. Glaube, ich nehme seinen Rat an. Ich kann die Zeit gut dazu nutzen, Techniken der Geiselbefreiung zu studieren.

25. Januar, 17 Uhr

La Casa del Corazón – das Haus des Herzens. Windom und Caroline haben ihre Flitterwochen hier verbracht. Ein Schritt in die Vergangenheit. Von meinem Balkon habe ich einen wunderbaren Blick auf die warmen Fluten der Karibik. Ein alter Mann sitzt im Garten und spielt Schach. Windom hat mir von einem alten Mann erzählt, der ihm alles beigebracht hat, was er über Schach weiß. Wenn das hier dieser Mann ist, dann muß er gut und gern hundert sein.

25. Januar, 23 Uhr

Heute abend ist etwas Seltsames geschehen. Nach dem Abendessen ging ich in den Garten und setzte mich zu dem alten Mann. Ich sagte ihm, ich hätte gehört, er wäre ein ausgezeichneter Lehrer. Der alte Mann bestätigte das. Dann sah er mir einen Moment ins Gesicht und sagte die Worte *la muerte*. Dann stand er auf und ging weg. Ich folgte ihm, verlangte eine Erklärung und erhielt sie auch, als er sich in einer dunklen Gasse plötzlich zu mir umdrehte und sagte: »Der Tod ist in Ihrem Gesicht. Ich kann Ihnen nichts beibringen.«

Ich fragte ihn, woher er das wüßte, und er schüttelte den Kopf und bemerkte: »Das ist die falsche Frage.«

Dann verschwand der alte Mann in die Nacht.

26. Januar, 8 Uhr

Diane, nach dem Aufwachen heute morgen fand ich ein frisch geschlachtetes Huhn an meine Tür genagelt. Ich gehe jetzt den alten Mann suchen.

26. Januar, 19 Uhr

Diane, ich stehe vor der Tür einer kleinen Hütte mit Lehmboden. Innen verbreitet eine einzelne Kerze etwas Licht. Der alte Mann hängt an einem Seil, das um einen Deckenbalken geschlungen ist. Er ist offenbar seit zehn bis zwölf Stunden tot. Auf einem rauhen Holzbrett, das er als Tisch benutzte, liegt ein Stück Papier mit den Worten: »Verzeihung. Ich war nur ein dummer alter Mann. Möge Gott ihn aufhalten.«

Wen meinte der alte Mann? Mich? Die Leute hier sagen, er wäre einfach ein verrückter Alter gewesen. Das mag wahr sein, aber ebenso wahr ist, daß die Linie, die Genie und Wahnsinn voneinander trennt, manchmal sehr dünn ist. Was immer der alte Mann in meinem Gesicht sah, es jagte ihm einen solchen Schrecken ein, daß er sich das Leben nahm. Und wofür bittet er um Verzeihung?

DER ZEITPUNKT DER NÄCHSTEN AUFNAHME IST UNKLAR.

Diane . . . Dunkelheit . . . Dunkelheit . . . Ich muß von dieser Insel weg . . . Nein . . . Nicht . . . Das ist eine Affenhand . . . Weg von der Insel . . . Oh . . .

27. Januar, 21 Uhr

Diane, ich glaube, ich stand die letzten zwanzig Stunden unter starken Drogen. Wie und warum sie mir eingeflößt wurden, weiß ich nicht. Sie lösten Orientierungslosigkeit und völlige Verwirrung in mir aus. Die Fenster zu meinem Unbewußten, die sie öffneten, zeigten nur Schrecken.

Dahinter stand das Böse, und ich bin sicher, daß eine Verbindung zum Tod des alten Mannes besteht – und zu unbekannten Dingen, die sich zu Hause abspielen. Nennen Sie es eine Vorahnung oder wie Sie wollen: Ich bin jedenfalls sicher, daß in Pittsburgh etwas Entsetzliches passiert ist, und ich kann nichts tun. Es gibt hier kein Telefon, und das nächste Schiff geht erst morgen. Wenn ich nur Verbindung mit Windom aufnehmen könnte.

28. Januar, 10 Uhr

Das Festland ist endlich in Sicht. Das schlimme Gefühl, das gestern Besitz von mir ergriff, ist noch immer sehr stark. Außerdem werde ich auch noch seekrank, glaube ich. Mit Glück und Rückenwind sollte ich meinen Anschluß kriegen und vor Einbruch der Dunkelheit in Pittsburgh sein.

28. Januar, 23 Uhr

Diane, wie ich mich gerade in diesem Moment auf eine abgelegene Insel begeben konnte, weiß ich wirklich nicht. Caroline Earle ist gekidnappt worden. Meinen Berechnungen nach muß sich die Entführung genau zu der Zeit abgespielt haben, als ich unter den Einfluß dieser Dogen geriet. Wie eine Verbindung existieren kann zwischen zwei Ereignissen, die sich über 2000 Kilometer voneinander entfernt abgespielt haben, ist mir schleierhaft. Aber ich bin sicher, daß da ein Zusammenhang besteht. Vielleicht gilt hier die alte tibetanische Regel, nach der es überhaupt keine voneinander isolierten Ereignisse gibt: Alles steht mit allem in Verbindung.

Was ich über die Fakten weiß, ist noch sehr bruchstückhaft. Windom und Caroline hatten sich gerade zum Essen hingesetzt, als drei Männer ins Haus eindrangen. Sie waren schwer bewaffnet und hatten sichtlich Erfahrung mit solchen Überfällen. Bevor Windom auch nur den geringsten Versuch unternehmen konnte, Widerstand zu leisten, wurde er durch einen Schlag auf den Kopf betäubt. Als er wieder zu sich kam, war Caroline verschwunden.

Bisher keine Nachricht von den Entführern. Alle Behörden sind in höchste Alarmbereitschaft versetzt, doch gibt es im Moment leider kaum Ansatzpunkte für erfolgversprechende Schritte. Was wir jetzt brauchen, ist Glück.

29. Januar, 3 Uhr

Noch immer kein Wort. Habe Windom erzählt, was auf der Insel vorgefallen ist. Es schien ihn besonders zu interessieren, was mir der alte Mann erzählt hat, bevor er sich umbrachte.

Es ist eigenartig, daß Windom keinerlei Bedauern oder wenigstens Überraschung über den Tod des Alten äußerte. Ich nehme an, daß ihn nach den Ereignissen der vergangenen Tage nichts mehr überraschen oder traurig machen kann.

29. Januar, 7 Uhr

Keine Veränderung, Diane. Blieb mit Windom fast die ganze Nacht auf. Wir spielten Schach und warteten. Seine strategischen Fähigkeiten haben offenbar durch die Qualen, die er durchmacht, nicht gelitten. Er gewann drei Partien hintereinander. Im Büro ist man der Ansicht, daß ein Anschlag auf Windoms Leben durchaus im Bereich des Möglichen liegt. Ich werde nicht von seiner Seite weichen, bis die Bedrohung vorüber ist.

29. Januar, 9 Uhr

Heute früh wurde ein Landstreicher aufgegriffen, der den Pullover trug, den Caroline anhatte, als sie entführt wurde. Wir sind auf dem Weg zu einem Verhör mit ihm.

29. Januar, 10 Uhr

Diane, das folgende Gespräch führte ich mit dem Landstreicher:

> COOPER: Wo haben Sie den Pullover her?
> LANDSTREICHER: Gott hat ihn mir geschenkt. Der Herr gibt und der Herr nimmt.
> COOPER: Hat Gott Ihnen etwas gesagt?
> LANDSTREICHER: Er hat gelacht.
> COOPER: Wie hat Gott ausgesehen?
> LANDSTREICHER: Wer Gott ansieht, der erstarrt zu Stein.
> COOPER: Hatte Gott jemanden bei sich?
> LANDSTREICHER: Einen Engel mit einem roten Gesicht, wie das Gesicht Christi.
> COOPER: Wie meinen Sie das?
> LANDSTREICHER: Blut.
> COOPER: War dieser Engel ein Mann oder eine Frau?
> LANDSTREICHER: Es war ein Engel ohne Pullover. Schrie wie eine Frau, als Gott sie strafte.
> COOPER: Woher wissen Sie, daß es Gott war?
> LANDSTREICHER: Weil er mir befahl, seine Botschaft zu verkünden.
> COOPER: Was war diese Botschaft?
> LANDSTREICHER: Gott ist überall.

Der Rest der Unterhaltung ist ohne Bedeutung. Daß der Landstreicher den Pullover bekam, ist kein Zufall. Die Entführer wußten, daß wir ihn finden würden und daß er uns genau das erzählen würde, was wir hören sollten.

Die Botschaft ist erschreckend. Caroline ist verletzt. Und sie scheuen nicht davor zurück, ihr wenn nötig noch viel Schlimmeres anzutun. Ich habe das Gefühl, daß ich es mit einem Code zu tun habe, aber ich begreife ihn nicht. »Gott ist überall« – ich glaube, darin liegt der Schlüssel.

Wir führen eine Razzia in der Gegend durch, wo wir den Landstreicher aufgegriffen haben, doch erwarte ich kein Resultat. Windom sieht schweigend zu, hilflos wie wir alle.

31. Januar, 23 Uhr

Diane, wieder vergeht ein Tag ohne Nachricht von Caroline. Ich fürchte, die Chancen, sie zu finden, werden von Stunde zu Stunde geringer. Noch immer ist keine Forderung eingegangen, der Sinn dieser Entführung ist mir ein völliges Rätsel; es sei denn, sie wollen etwas geheimhalten, was Caroline schon wußte. Aber was um alles in der Welt könnte sie wissen, das für irgend jemanden eine Gefahr darstellt? Oder versuchen sie, Windom unter Druck zu setzen, damit er nichts sagt? Er hat keinerlei Hinweis auf so etwas gegeben, und ich muß ihm vertrauen.

Immer wieder kehre ich zu den Worten zurück: »Gott ist überall.« Wenn man das ernst nimmt, wäre die nächste logische Folgerung: Wenn Gott überall ist, dann sieht und hört er auch alles. Das ist eine ernsthafte Konsequenz, über die ich mit niemandem gesprochen habe, nicht einmal mit Windom. Gibt es einen Spitzel im FBI, der alle unsere Schritte belauscht und verfolgt? Und wenn es ihn gibt, warum sollten sie uns das wissen lassen? Ich komme nicht weiter.

2. Februar, 11 Uhr

Das Hauptquartier des FBI in Washington erhielt eine Nachricht. Sie hat folgenden Wortlaut:

> *Sie liebt ihn, sie liebt ihn nicht. Sie ist nicht tot, doch ihre Liebe ist's. Caroline, Carol, Ca, C, weg.*

Die Nachricht wurde über eine abhörsichere Telefonleitung empfangen. Wie das geschehen konnte, weiß niemand. Offenbar haben wir es mit einem höchst komplexen und äußerst gerissenen Gehirn zu tun. Meine Sorge, daß es jemandem aus dem FBI gehören könnte, wächst. Habe mit Windom noch nicht darüber gesprochen, muß es aber tun.

3. Februar, 23 Uhr

Erzählte Windom von meiner Befürchtung, daß die gesuchte Person vielleicht zum FBI gehören könnte. Er riet mir dringend, vorsichtig zu sein und mit niemandem darüber zu sprechen. Immer noch kein Wort, kein Lebenszeichen von Caroline.

5. Februar, 21 Uhr

Diane, Windom ist einverstanden, daß ich ihn hypnotisiere. Wir beide haben das bestimmte Gefühl, daß Carolines Entführung mit irgend etwas zu tun hat, das ihm während seines Verschwindens widerfahren ist. Das folgende ist ein Ausschnitt aus der Hypnose-Sitzung, die insgesamt zwei Stunden dauerte.

COOPER: Wo sind Sie jetzt?
WINDOM: Da ist viel Licht, und es ist sehr dunkel.
COOPER: Was sehen Sie?
WINDOM: Wahrheit . . . ha ha ha.
COOPER: Warum hat man Sie dorthin gebracht?
WINDOM: Man hat mich nicht gebracht. Ich wurde auserwählt.
COOPER: Wofür wurden Sie auserwählt?
WINDOM: Ein guter Pfadfinder zu sein. *(Lacht.)*
COOPER: Warum hat man Sie freigelassen?
WINDOM: Um meine Arbeit zu tun.
COOPER: Was für eine Arbeit?

WINDOM: Das können Sie nicht sehen, oder?
COOPER: Nein.
WINDOM: Caroline hat es gesehen.
COOPER: Was hat sie gesehen?
WINDOM: Liebe . . . und das Böse.
COOPER: Können Sie mich dorthin führen, wohin man Sie gebracht hat?
WINDOM: Nein.
COOPER: Warum nicht?
WINDOM: Von hier aus kommt man dort nicht hin. *(Lacht.)*

Kurz nach diesem Dialog beendete ich die Sitzung. Dann hörte ich mit Windom das Band ab. Ich fürchte, es war uns beiden keine große Hilfe.

DIE NÄCHSTEN ZWEI MONATE ÜBER BLIEB CAROLINES AUFENTHALTSORT UNBEKANNT.

4. KAPITEL

10. April, 11 Uhr

Diane, ich bin am Flughafen. Gerade kam ein Bericht, daß bei einer Razzia unter Prostituierten in New York eine Frau verhaftet worden ist, auf die Carolines Beschreibung paßt. Windom und ich sind unterwegs zu ihrer Identifizierung.

10. April, 13 Uhr

Wir haben sie knapp verpaßt, Diane. Das Foto des Erkennungsdienstes zeigt, daß es wirklich Caroline ist. Sie hat jedoch eine Kaution gestellt und ist vor einer Stunde gegangen.

Der Anblick seiner Frau in ihrem gegenwärtigen Zustand war ein schwerer Schock für Windom. Ich muß zugeben, daß ich sie auf den ersten Blick nicht erkannt hätte, so sehr hat sie sich verändert. Welche entsetzlichen Mächte des Bösen können einem Menschen das antun? Die New Yorker Polizei hat über Funk einen Fahndungsbefehl an alle Streifen herausgegeben, ebenso auch unsere Leute. Ich mache mich jetzt selbst auf die Suche.

11. April, 3 Uhr

Diane, Schluß für heute. Keine Spur.

11. April, 14 Uhr

Vor einer Stunde hat man Caroline gefunden. Jetzt sitzt sie in einem Vernehmungsbüro, in Handschellen, damit sie sich und andere nicht verletzen kann. Sie hat Windom nicht erkannt und scheint drogensüchtig zu sein, wahrscheinlich Heroin. Es muß jedenfalls eine gewaltige Kraft gewesen sein, die aus der Frau, die ich kannte, jene Kreatur gemacht hat, die ich jetzt vor mir sehe.

Sie wird ins Bellevue-Hospital gebracht, um sie etwas zu stabilisieren, bevor wir sie nach Pittsburgh mitnehmen. Windom ist stark, aber schweigsam. Welche entsetzlichen Geheimnisse in Carolines Gehirn verschlossen sind, wage ich mir nicht vorzustellen. Wir werden abwechselnd rund um die Uhr bei ihr sein. Es ist ziemlich wahrscheinlich, daß derjenige, der ihr das angetan hat, es noch einmal versuchen wird, wenn er weiterhin eine Bedrohung in ihr sehen sollte.

11. April, 21 Uhr

Bellevue. Windom ist rausgegangen. Die ersten Entzugserscheinungen treten auf. Das wird eine sehr lange Nacht.

11. April, 23 Uhr

Carolines Schreie hallen durch die Gänge. Diane, was für eine Bestie konnte einem unschuldigen Menschen derartiges Leid zufügen?

12. April, 6 Uhr

Carolines Schreie ließen vor etwa einer Stunde nach. Windom saß auf dem Gang, bis sie ganz verstummt waren. Jetzt scheint sie zu schlafen, obwohl sie offenbar noch immer große Schmerzen hat. Ihre Blutwerte zeigen einen hohen Heriongehalt und Spuren einer anderen Substanz, die bisher nicht bestimmt werden konnte. Wir werden mehr über ihren Zustand wissen, wenn sie wieder zu sich kommt.

12. April, 19 Uhr

Keine Veränderung in ihrem Zustand. Die Ärzte können noch immer nicht sagen, worum es sich bei der anderen Droge handelt, die in Carolines Blut festgestellt wurde. Eines aber wissen sie: Es ist ein höchst fremdartiger, gefährlicher Stoff, anders zusammengesetzt als alles, was sie bisher gesehen haben.

13. April, 5 Uhr

Fast 24 Stunden ohne jede Veränderung. Die Ärzte fürchten, daß sie es nicht schafft, wenn sie nicht bald das Bewußtsein wiedererlangt.

13. April, 8 Uhr

Diane, vor wenigen Minuten hat Caroline die Augen geöffnet. Ich nahm ihre Hand und versuchte ihr mitzuteilen, daß sie in Sicherheit ist. Dann kam Windom herein, beugte sich über seine Frau und strich ihr zart über die Stirn. Tränen traten ihr in die Augen. Ich glaube, sie hat den ersten Schritt zurück ins Leben getan.

13. April, 16 Uhr

Caroline hat noch nicht gesprochen, doch ich glaube, sie weiß, wer ich bin. Die Ärzte haben uns die Erlaubnis gegeben, sie morgen nach Pittsburgh zurückzubringen. Auf Windoms Bitte hin wurde ich mit ihrem Schutz beauftragt, denn es besteht Anlaß zu der Vermutung, daß ihre Leidenszeit noch nicht vorüber ist.

Der Geist, Diane, ist das stärkste Heilmittel, das wir kennen. Es gibt Techniken jenseits der abendländischen Schulmedizin, die vielleicht nützlich sein können. Ich habe Windom von diesen Techniken erzählt, und er hat seine Zustimmung gegeben, alles auszuprobieren, was Caroline wiederherstellen könnte. Noch nie hat mich das Leiden eines anderen Menschen derart tief bewegt.

14. April, 15 Uhr

Caroline hat mich Cooper genannt. Morgen bringen wir sie an einen sicheren Ort, in ein Haus des FBI. Das Risiko ist im Krankenhaus zu groß. Ihre Reaktion auf Windom ist widersprüchlich. Sie weiß, wer er ist, doch gleichzeitig scheint etwas sie zurückzuhalten.

15. April, 2 Uhr

Diane, man hat einen Mordanschlag auf Caroline verübt. Dieselbe rätselhafte Droge, die in ihrem Blut gefunden worden ist, wurde in ihre Infusionsflasche geschüttet. Die Dosis reichte aus, um zwanzig Menschen zu töten. Ich stellte eine schwache Veränderung in der Farbe der Flüssigkeit fest, als die Schwester eine neue Flasche anhängte, und unterbrach die Infusion, bevor sie Carolines Arm erreichte. Windom verhört das gesamte Personal, das Zugang zu der Flasche gehabt haben könnte. Wir bringen sie schon heute nacht in das sichere Haus und nicht erst morgen.

15. April, 4 Uhr

Wir sind in dem sicheren Haus, und Caroline schläft ruhig. Sie weiß nichts von dem Mordanschlag auf sie. Windom kam von seinen Verhören mit dem Personal ohne Ergebnis zurück. Niemand hat irgend etwas bemerkt, das sich im mindesten von dem alltäglichen Ablauf unterschieden hätte. Es ist reines Glück, daß der Mörder keinen Erfolg hatte. Ich darf mich auch nicht darauf verlassen, daß wir hier völlig in Sicherheit sind.

15. April, 18 Uhr

Alles ist ruhig. Das Haus ist abgeriegelt. Caroline hat heute abend gelächelt und meine Hand genommen. Windom schien sich sehr zu freuen.

16. April, 2 Uhr

Caroline ist mit einem entsetzlichen Schrei aufgewacht. Ich rannte in ihr Zimmer und fand Windom über sie gebeugt. Er sprach leise beruhigend auf sie ein. Sie sagte, sie hätte das Gesicht des Mannes gesehen, er sei noch immer hinter ihr her. Und sie wüßte, daß sie sterben müßte. Jedoch konnte sie den Mann nicht identifizieren. Windom beruhigte sie weiter, bis sie wieder einschlief. Es scheint etwas in ihrem Unterbewußtsein zu geben, das sie zurückhält und hemmt. Vielleicht läßt Windom mich morgen versuchen, zu ihr durchzudringen.

16. April, 15 Uhr

Diane, archivieren Sie das folgende Band unter dem Stichwort »Erste Hypnose-Sitzung mit Caroline Earle«. Es ist nicht leicht, es abzuhören.

> COOPER: Können Sie mich verstehen?
> CAROLINE: Ja.
> COOPER: Wissen Sie, wer ich bin?
> CAROLINE: Ja.
> COOPER: Ich möchte, daß Sie sich an den Abend zurückversetzen, an dem Sie entführt wurden . . . Sie sitzen beim Abendessen. Was passierte dann?
> CAROLINE: Schweinekoteletts . . . die Lichter gehen aus . . . Windom schreit: »Nicht!«
> COOPER: Haben Sie Gesichter gesehen?
> CAROLINE: Nein.
> COOPER: Was ist dann passiert?

CAROLINE: Eine Hand legt sich über mein Gesicht. Ich schreie.
COOPER: Was dann?
CAROLINE: Sie schlagen mich . . . schlagen, schlagen und schlagen. Nicht . . . bitte.
COOPER: Es ist ja gut, hier sind Sie in Sicherheit, niemand kann Ihnen etwas tun. Können Sie sich erinnern, was dann geschah?
CAROLINE: Dunkel . . . Hände fassen mich an . . . wieder und wieder. Halt, aufhören . . . Es tut weh im Arm, sticht.
COOPER: Eine Nadel?
CAROLINE: Ja.
COOPER: Man hat Ihnen Drogen injiziert.
CAROLINE: Es brennt. Ich möchte mir das Gehirn aus dem Kopf reißen. Es schlagen.
COOPER: Erinnern Sie sich an Gesichter?
CAROLINE: Ja.
COOPER: Wer ist es? Der Mann, der Ihnen das angetan hat?
CAROLINE: Helfer. Er ist tot.
COOPER: Woher wissen Sie, daß er tot ist?
CAROLINE: Nein . . .
COOPER: Es ist gut, Sie sind bei mir in Sicherheit. Sagen Sie mir, was mit dem Helfer passiert ist.
CAROLINE: Sein Kopf lag in meinem Schoß und sah mich an. Sein Körper lag auf dem Boden.
COOPER: Ich verstehe nicht.
CAROLINE: Ich hörte ihn schreien . . . Sie haben ihm den Kopf abgeschnitten. Und mir in den Schoß gelegt. Nein! Nein! Nein! Nein!
COOPER: Erinnern Sie sich an noch mehr Gesichter?
CAROLINE: Sie lassen mich nicht.

An diesem Punkt habe ich sie aus der Hypnose zurückgeholt, Diane. Wenden Sie sich an die Polizei und versuchen Sie herauszufinden, ob in den letzten zwei Monaten irgendwo Leichen ohne Kopf aufgetaucht sind.

Mein Gott, was hat Caroline nur gesehen. Ich hielt sie nach der Sitzung in meinen Armen, bis der Schlaf ihr endlich Ruhe brachte. Ich möchte ihr helfen, mehr als alles in der Welt möchte ich ihr helfen.

17. April, 21 Uhr

Diane, die Identität von Carolines hauptsächlichem Folterer ist noch immer unbekannt. Irgendwie werde ich das Gefühl nicht los, daß Caroline etwas verdrängt. Mir scheint fast, als wäre es genauso schmerzhaft für sie, den Wahnsinnigen zu identifizieren, wie ihre Erfahrungen selbst es waren. Jedoch macht sie weiter Fortschritte, auch wenn mir nicht verborgen bleiben kann, daß sie und Windom Schwierigkeiten haben, ihre alte Beziehung wiederaufzunehmen. Das bringt mich in eine heikle Lage, da ich feststellen muß, daß meine Zuneigung zu ihr fast stündlich wächst. Ich darf nicht zulassen, daß meine privaten Gefühle auf diese Sache Einfluß nehmen. Ich bin hier ein Außenstehender und muß einer bleiben. Ich tue meine Arbeit, das ist alles.

20. April, 21 Uhr

Windom hat beschlossen, nicht im Haus zu bleiben. Er hat das Gefühl, seine Anwesenheit hemmt Carolines Fortschritte. Ich habe den Verdacht, daß er sich selbst die Schuld an der Entführung gibt und glaubt, seine Gegenwart erinnere sie nur an das, was sie durchgemacht hat.

Wir sprachen einige Stunden über den Grund des Verbrechens an seiner Frau. Er glaubt, daß es ohne jeden Zweifel mit seiner eigenen Entführung in Verbindung steht, doch kann er das Bindeglied nicht finden.

Bevor er in die Stadt zurückfuhr, sagte mir Windom, daß er an das Böse als eine unabhängige vitale Kraft glaubt. Sie werde das Gute besiegen, weil sie keine Skrupel kennt und sich zu maskieren weiß. »Am Ende aller Schlachten trägt allein der Sieger den Ruhm davon, und niemand erinnert sich daran, ob er für das Gute oder für das Böse gekämpft hat«, sagte er. Das stammt von dem besten Kopf, der mir beim FBI begegnet ist.

21. April, 7 Uhr

Windom wurde bei seiner Ankunft in der Stadt gestern abend überfallen. Er erlitt zwei nicht sehr tiefe Stichwunden in Hand und Arm. Die Angreifer sind geflohen. Sein Haus ist offenbar durchsucht worden. Ich habe Caroline nichts von dem Überfall erzählt. Sie würde sofort zu ihm wollen, und das Risiko ist einfach zu groß.

Wer ist es nur, den Caroline identifizieren könnte? Und warum kann sie sich nicht erinnern, wer es ist? Windom steht nun selbst unter Polizeischutz und kann nicht mehr in dieses Haus zurück, bis wir sicher sind, daß er nicht beschattet wird.

30. April, 19 Uhr

Ich weiß nicht, was ich tun soll. Ich stehe vor der schweren Entscheidung, entweder das Vertrauen meines Freundes und Mentors zu brechen oder der Liebe zu entsagen.

Die Gefühle, die ich für Caroline hege, werden offenbar erwidert. Bei einem Spaziergang heute sagte mir Caroline, daß sie mich liebt, schon seit wir uns zum ersten Mal begegnet sind. Zuerst versuchte ich dagegen anzukämpfen und sie davon zu überzeugen, daß ich nicht dasselbe für sie empfände. Doch sie durchschaute mein Spiel, und schließlich küßten wir uns lange und leidenschaftlich.

Ich liebe sie mehr als mein Leben – das habe ich noch nie über jemanden sagen können. Jeden Gedanken, jede Regung, jede wache Sekunde will ich ihr widmen. Ich will ihr helfen, wieder gesund zu werden, und sie für den Rest meines Lebens beschützen. Wir liebten uns in der hellen Frühlingssonne; zum ersten Mal seit dem Ende ihrer Leidenszeit habe ich sie glücklich gesehen.

Ich weiß nicht, was ich Windom sagen werde, wenn er morgen früh hierher kommt. Abgesehen davon, daß ich es ohnehin nicht könnte, will ich ihn auch nicht belügen.

Für den Augenblick bleibt uns die Nacht. Morgen ist ein anderer Tag.

DIE FOLGENDE AUFNAHME WURDE VON CAROLINE IRGENDWANN IN DIESER NACHT GEMACHT.

Ich liebe Dich, Dale Cooper.

30. April, 23.30 Uhr

Vor ein paar Minuten ist Caroline schreiend aus einem Traum erwacht. Sie hat das Gesicht des Mannes gesehen, der sie entführte, und sie ist jetzt sicher, daß sie ihn kennt. Ich glaube, die Mauern, die sie zurückhalten, beginnen zu bröckeln. Sie hat einer weiteren Hypnose-Sitzung morgen früh zugestimmt. Ich denke, Windom irrt sich in einem Punkt: Liebe ist stärker als das Böse.

1. Mai, 1 Uhr

Irgend etwas stimmt nicht . . . Caroline!

DER ZEITPUNKT DER NÄCHSTEN AUFNAHME IST UNGEWISS.

Ich bin verletzt . . . ein Messer . . . bewußtlos . . . Caroline ist tot . . . Caroline ist tot . . . Vergib mir.

5. KAPITEL

»Es sah schlimm dort aus, etwas Übleres habe ich im ganzen Leben nicht gesehen – trotz einem Krieg und zehn Jahren FBI. Wir konnten die Ereignisse wie folgt rekonstruieren:

Die Notrufzentrale der Gegend erhielt gegen 9 Uhr einen ziemlich wirren Anruf aus dem gesicherten Haus. Jemand rief um Hilfe. Die örtliche Polizeibehörde wurde informiert und leitete die Meldung an uns weiter. Vermutlich war Agent Earle der Anrufer. Die örtliche Polizei traf etwa eine Minute vor unseren Leuten am Tatort ein. Wir sicherten das Gelände ab und betraten das Haus. Auf dem Boden des Wohnzimmers, gegen einen Sessel gelehnt, fanden wir Agent Cooper. Er hatte eine Stichwunde in der Brust. Er hatte sehr viel Blut verloren und war bewußtlos. Caroline Earle lag in seinen Armen. Auch sie wies eine Stichwunde auf. Sie war bereits tot. Eine Blutspur verriet, daß sie im Schlafzimmer getötet und erst danach an die Stelle geschleift worden war, wo wir sie fanden. Agent Earle saß in der äußersten Ecke der Küche und hielt noch immer den Telefonhörer in der Hand. Er war ganz offenbar verwirrt und nicht ansprechbar. Er wirkte ziemlich wahnsinnig, könnte man sagen. Es hat in diesem Fall nie eine Verhaftung gegeben.«

Bill Raum,
FBI-Spezialagent

15. Mai

Ich habe meine Uhr nicht bei mir. Ich bin in einem Krankenhaus. Die Wände sind hellblau. Es ist noch ein anderer Mann im Zimmer, aber weil ich mich nicht bewegen kann, habe ich ihn bisher nicht gesehen, sondern höre nur sein Husten. Caroline ist tot. Soweit ich weiß, hat Windom uns gefunden. Ich weiß nicht, ob ich ihm im Moment ins Gesicht sehen könnte.

Ich erinnere mich an wenig von dem Abend des Überfalls. Ich weiß nur noch, daß ich wieder zu Bewußtsein kam und Carolines leblosen Körper in meinen Armen fand . . . Ihre Augen waren geschlossen. Der Arzt sagt, ich hätte großes Glück gehabt, daß ich noch am Leben bin . . . Ich erklärte ihm, wenn er das glaubte, dann hätte er keine Ahnung, was Leben wirklich ist – jenseits des automatischen Pumpens von Blut durch die Adern. Soweit ich weiß, ist Caroline vor zehn Tagen beerdigt worden . . . Ich hätte dort sein sollen . . . Es hätte meine Beerdigung sein sollen.

20. Mai, 7 Uhr

Diane, ich will versuchen, die Ereignisse in der Nacht des Überfalls so genau wie möglich zu rekonstruieren. Gegen 1 Uhr bemerkte ich, daß sich außerhalb des gesicherten Hauses etwas bewegte. Caroline schlief. Ich zog meine Waffe und durchsuchte das Haus, das jedoch keinerlei Anzeichen eines gewaltsamen Eindringens aufwies. Auch die Umgebung wirkte sicher. Als ich ins Schlafzimmer zurückkehrte, um nach Caroline zu sehen, erkannte ich, daß noch jemand im Raum war. Bevor ich etwas tun konnte, bohrte sich mir ein Messer zwischen die Rippen und schnitt in meine linke Lunge hinein. Ich glaube, in diesem Augenblick rief ich Carolines Namen. Dann verlor ich das Bewußtsein.

Das nächste, woran ich mich erinnere, ist, daß ich zu mir kam und Caroline tot in meinen Armen fand. Das lange weiße Nachthemd, das sie trug, war voller Blut.

Dad ist hier im Krankenhaus, ebenso wie Gordon Cole. Sie scheinen sich ausgezeichnet zu verstehen. Diane, ich glaube, zum ersten Mal in meinem Leben weiß ich, was Liebe ist – weil ich sie verloren habe.

20. Mai, 15 Uhr

Gordon hat mir gesagt, daß es Windom war, der uns gefunden hat. Und was er da gesehen hat, war zuviel für ihn. Er ist seither nicht mehr bei Sinnen, nicht mehr ansprechbar. Eine Wunde, die weit schlimmer ist als ein Messerstich. Er ist jetzt in der psychiatrischen Abteilung dieses Krankenhauses.

Mein Gott, was habe ich getan. Habe meinen besten Freund verraten und ihn an den Wahnsinn verloren. Und das Leben, das ich mehr liebte als jedes andere, habe ich nicht schützen können.

Sobald ich kann, muß ich zu Windom. Und zu Caroline.

25. Mai, 16 Uhr

Offenbar hatte ich ständig eine leichte innere Blutung, die nicht festgestellt worden war. Gestern nun wurde sie plötzlich stark und verursachte einen massiven Blutverlust. Ich erinnere mich an das Gefühl, einen Fluß hinunterzutreiben, als plötzlich alle Leute um mich herum in hektische Bewegung gerieten. Ich wollte ihnen sagen, daß alles in Ordnung wäre, sie sollten mich mit der Strömung treiben lassen.

Dad hat mir gesagt, daß mein Herz zwei Minuten lang stillgestanden hat. Daß ich tot war. Ich erinnere mich jedoch nicht an das Licht, von dem die Leute sprechen. Nur an das Treiben in einer Strömung, und Frieden . . . Ich wünschte, sie hätten mich dort gelassen.

1. Juni, 14 Uhr

Diane, ich sitze zum ersten Mal in einem Rollstuhl. Ich hatte letzte Nacht einen Traum: Ich lag blutend auf dem Boden des gesicherten Hauses und hörte Windom lachen. Irgend etwas daran beunruhigt mich sehr. Die Ärzte sagen, ich kann ihn morgen besuchen, warnen mich aber, daß er nicht wissen wird, wer ich bin.

2. Juni, 16 Uhr

Windom sitzt in der Ecke eines Zimmers, eine bewegungslose, starre Figur. Die Ärzte schoben mich zu ihm hinein. Eine lange Zeit, wohl mehrere Minuten, starrte er mich an, ohne zu zwinkern. Dann kam eine Veränderung über ihn, er stand auf und fing an zu lachen. Ich versuchte, mit ihm zu kommunizieren, doch es schien vergeblich. Er sagte nur zwei Worte: »Schach jemand?«

Als ich hinausgeschoben wurde, hielt ich noch einmal an und wandte mich zu Windom um. Er hatte aufgehört zu lachen, und seine Augen starrten in meine. Dann sprach er noch einmal.

»Dein Zug.«

Er fing wieder an zu lachen, und ich ging. Windom ist der Allerletzte, von dem ich erwartet hätte, daß er so den Verstand verliert. Ich kann mich nicht vor der Tatsache verschließen, daß ich teilweise oder sogar ganz für seinen Zustand verantwortlich bin.

7. Juni, 10 Uhr

Obwohl es noch viele Wochen dauern wird, bis ich körperlich wieder in der Lage bin, meinen Dienst zu versehen, werde ich heute aus dem Krankenhaus entlassen. Wann ich geistig und seelisch wieder so weit sein werde, meine Arbeit zu tun, kann ich nicht sagen.

10. Juni, 16 Uhr

Ich stehe an Carolines Grab. Ein kleiner Stein aus rotem Granit. Darauf steht: »In Erinnerung . . .« Wer könnte das getan haben?

14. Juli, 21 Uhr

Meine Verletzungen sind zum größten Teil ausgeheilt. Geistig jedoch geht es mir alles andere als gut. Ich habe beschlossen, Gordon um unbezahlten Urlaub zu bitten, sobald die Krankschreibung ausläuft.

20. Juli

Ich übernehme die volle Verantwortung. Ich habe versagt.

COOPER MACHTE WÄHREND DER NÄCHSTEN SECHS MONATE NUR ZWEI AUFNAHMEN. SEIN AUFENTHALTSORT IN DIESER ZEIT IST UNBEKANNT.

Ich weiß nicht, wer ich bin. Wir suchen und suchen, und schließlich sehen wir doch immer nur in denselben Spiegel, sehen das ewiggleiche Bild und hoffen ohne jeden Grund, etwas anderes zu finden.

Heile . . . heile . . . heile . . . heile . . . heile . . . heile . . . heile . . . heile . . . heile . . . heile . . . heile . . . heile . . . heile . . . heile . . . heile . . . bitte.

6. TEIL

1. KAPITEL

1. Februar 1980, 12 Uhr

Ich glaube, ich bin wieder bereit, und habe Gordon gebeten, mich in den aktiven Dienst zurückzuversetzen. Mein Körper ist stark, der Kopf klar, und ich habe keine Schuldgefühle mehr. Was ich nun berichten werde, kann ich selbst kaum glauben.

Windom Earle war schon lange vor den Ereignissen jener schrecklichen Nacht verrückt geworden. Er selbst hat mich überfallen und seine Frau ermordet. Ich kann nichts beweisen, denn er ist ein zu gerissener Gegner, aber dennoch bin ich mir ganz sicher.

Wo und wie Windom diese Grenze überschritten hat, weiß ich nicht. Seine eigene Entführung, so glaube ich jetzt, fand allein auf der spirituellen Ebene statt. Windom ist vom Bösen übernommen worden. Der Windom, den ich vor diesem Augenblick gekannt hatte, existierte nicht mehr. Danach spielte er nur noch mit uns. Alles, was danach geschah, war von ihm inszeniert. Er entführte Caroline. Er flößte ihr die Droge ein, die sie an den Rand des Wahnsinns trieb. Er ließ zu, daß Caroline und ich uns ineinander verliebten, um danach die Freude an der Zerstörung unserer Liebe zu haben. Ich muß alles daransetzen, daß Windom das Krankenhaus niemals mehr verlassen kann.

10. Februar, 11 Uhr

Es bedurfte eines Anrufes von Gordon bei den Ärzten, doch jetzt habe ich eine Besuchserlaubnis bei Windom. Ich habe niemandem von meinem Verdacht erzählt. Vielleicht habe ich nach meinem Besuch Beweise.

11. Februar, 15 Uhr

Habe das folgende Gespräch eben aufgenommen. Windom steckte während unserer Unterhaltung in einer Zwangsjacke.

COOPER: Hallo.
WINDOM: Sie sind sehr gut angezogen. Meine Handschuhe . . . haben keine Finger.
COOPER: Wissen Sie, wer ich bin?
WINDOM: Ja . . . Sie wollen etwas verkaufen.
COOPER: Wo ist Windom?
WINDOM: Er ist weggegangen.
COOPER: Wohin?
WINDOM: Hierhin, dorthin, hin und her, über Berg und Dale . . . Tal . . . Ich bin hier im Spital, das ist nicht ideal.
COOPER: Warum haben Sie Caroline umgebracht?
WINDOM: Caroline?
COOPER: Etwa weil sie mich liebte?
WINDOM: Wissen Sie, ich glaube, ich kaufe Ihnen doch nichts ab.
COOPER: Haben Sie mich in die Brust gestochen?
WINDOM: Definiere Stechen . . . Durchbohren, Aufspießen, Pieken, Rammen, Erdolchen . . . Das ist es! Das ist das Richtige!
COOPER: Warum?
WINDOM: Um alle kranken Kinderchen auf der Welt zu heilen.
COOPER: Wo hat man Sie hingebracht, als Sie verschwunden waren?
WINDOM: Ein Rasthof, mit den größten gottverdammten Badezimmern, die du je gesehen hast.
COOPER: Wie sieht das Böse aus, Windom?
WINDOM: Du stellst immer die falschen Fragen. Du scheinst überhaupt nichts dazugelernt zu haben.
COOPER: Was wäre denn die richtige Frage?
WINDOM: Wie sieht das Böse nicht aus? *(Lacht.)*
COOPER: Was hat der alte Mann Ihnen beigebracht?

WINDOM: Alter Mann?
COOPER: Der alte Mann auf der Insel, der sich erhängt hat.
WINDOM: Erhängt? . . . Alles hat er mir beigebracht.

Danach weigerte sich Windom weiterzusprechen. Er sagte kein Wort mehr. Ich habe das Band Gordon Cole vorgespielt und ihm, streng vertraulich, von meinem Verdacht erzählt. Wir stimmen zwar beide darin überein, daß das Band an sich nichts beweist, doch ebenso ist uns beiden klar, daß Windom das Hospital für den Rest seines Lebens nicht mehr verlassen sollte.

1. März, 23 Uhr

Habe den ganzen Papierberg, der sich während meiner Abwesenheit angesammelt hatte, abgearbeitet. Bekomme morgen einen neuen Posten zugeteilt. Gordon und ich sind der Ansicht, daß es weder für mich noch für das FBI gut wäre, wenn ich in Pittsburgh bleibe. Gordon hat sich sehr für mich eingesetzt. Ich werde bald erfahren, ob das FBI ebenso großes Vertrauen in mich hat.

12. März, 9 Uhr

Diane, packen Sie Ihre Koffer, wir ziehen nach San Francisco.

1. Mai, 9 Uhr

Der Wagen ist aufgetankt, der Wohnwagen vollgepackt. Ich habe eine Kühlbox voll Sandwiches, saure Gurken, Marshmallows, Studentenfutter und Milch dabei. Hole Dad in zwei Stunden vom Flughafen ab, dann geht's nach Westen, wo ein neues Leben auf mich wartet. Hoffentlich ist die Zukunft etwas verlockender als die jüngste Vergangenheit.

1. Mai, 11 Uhr

Terre Haute, Indiana. Dads Blase ist auch nicht mehr, was sie einmal war. Die Pinkelpausen werden unseren Trip wohl um einen Tag verlängern.

Ich würde gerne sagen, was ich empfand, als wir Pittsburgh hinter uns ließen, aber ich finde keine Worte. Morgen St. Louis, Kansas City und die Prärie. Würde verdammt gern einen Büffel sehen.

2. Mai, 14 Uhr

Vierte Pause heute. Habe Dad gesagt, ein Arztbesuch pro Jahr wäre vielleicht keine schlechte Idee. Haben den mächtigen Mississippi überquert und machen jetzt einen kurzen Abstecher nach Hannibal, um das Haus von Mark Twain zu besichtigen.

2. Mai, 22 Uhr

Diane, ich glaube, ich kann mit einiger Bestimmtheit sagen, daß ich hundert Jahre zu spät auf die Welt gekommen bin. Die Zeiten der Toms und Hucks sind vorbei.

3. Mai, 17 Uhr

Wenn ich mich nicht täusche, sind diese großen Erdhaufen am Horizont die Rocky Mountains.

3. Mai, 21 Uhr

Diane, ein Hinweis für künftige Campingausflüge: Übernachte nie neben einer Familie aus New Jersey mit einem silbernen Wohnwagen.

5. Mai, 14 Uhr

Der Great Salt Lake. Nah beim Ufer scheint eine große Anzahl von Mormonen in ordentlicher Formation darauf zu treiben.

6. Mai, 23 Uhr

Reno, Nevada. Diane, habe Dad zuletzt mit einer üppigen Blondine in einem roten Kleid von der Größe einer Briefmarke gesehen. Sie beugte sich über einen Roulette-Tisch. Ich glaube, er erzählte ihr, daß ein Mondkrater nach ihm benannt ist.

7. Mai, 9 Uhr

Mache den Rest der Reise nach San Francisco allein. Konnte Dad erst kurz vor Tagesanbruch finden. Zu diesem Zeitpunkt war er bereits drei Stunden verheiratet. Meine neue Stiefmutter heißt Shamrock. Interessanterweise ist sie Absolventin von Bryn Mawr und hat über germanische Sprachen promoviert. Sie wollen ihre Flitterwochen mitten im Gebirge in einer kleinen Hütte mit Sauna auf dem Dach verbringen.

Diane, fragen Sie sich auch manchmal, ob vielleicht Zigeuner Sie Ihren Eltern vor die Tür gelegt haben?

10. Mai, 16 Uhr

San Francisco. Was für eine Stadt! Habe mich beim FBI gemeldet und mache mich jetzt auf die Suche nach einer Wohnung.

11. Mai, 15 Uhr

Diane, habe ein hübsches Appartement mit Blick auf die Golde Gate Bridge gefunden, nur ein paar Meter von einer chinesischen Bäckerei entfernt. Dort gibt es die kleinsten Doughnuts, die ich je gesehen habe. Habe noch zwei Tage, bis ich meinen Dienst antreten muß. Werde mir in der Zeit die Gegend ansehen.

12. Mai, 11 Uhr

Diane, Sie werden es nicht glauben, aber ich bin eben durch ein Loch in einem Mammutbaum gefahren. In den Wäldern im Osten habe ich nie einen solchen Baum gesehen. Das sind die Bäume, um die sich Legenden ranken. Kann mir nicht vorstellen, was ein Druide vor einem derartigen Monster getan hätte.

12. Mai, 14 Uhr

Alcatraz Island.* Diane, wenn das die Denkmäler sind, die die Menschheit hinterlassen wird, dann sehe ich ziemlich schwarz für unsere Zukunft.

15. Mai, 7 Uhr

Vier chinesische Doughnuts, eine Tasse Kaffee, und ich bin unterwegs. Ein neuer Anfang . . . und ein Ende. Ich bin bereit.

---

* *Alcatraz Island, eine Felseninsel in der Bucht von San Francisco, war von 1934 bis 1962 eines der berüchtigtsten Zuchthäuser der USA; galt als besonders ausbruchssicher. A. d. Ü.*

15. Mai, 23 Uhr

Diane, der erste Tag im neuen Leben ist oft hart. Es scheint, daß mir die Geschichte der Pittsburgher Ereignisse vorausgeeilt ist. Ich glaube, ich werde mich vor diesen Leuten erst beweisen müssen. Was ich jetzt brauche, ist ein Fall.

20. Mai, 22 Uhr

Diane, offenbar gibt es doch jemanden in San Francisco, der zu mir hält. Agentin Robin Masters, mit der ich auf der Akademie war, ist hier. Als wir uns zum letzten Mal sahen, auf dem Schießstand der Akademie, war das Leben noch so einfach gewesen. Ich wünschte, das hätten wir damals schon erkannt. So viel ist seitdem geschehen . . . Aber sie schießt immer noch verdammt gut. Wir waren um der alten Zeiten willen wieder auf den Schießstand gegangen und hatten jeder ein Magazin geleert. Ein klares Unentschieden. Sie ist jetzt in der Abteilung für Wirtschaftskriminalität, also werden sich unsere Wege sicher nicht oft kreuzen. Auch gut. Man soll die Vergangenheit nicht aufrühren. Die Gegenwart ist mit genügend Dornen gespickt.

15. Juni, 14 Uhr

Diane, ich habe einen Fall.

15. Juni, 16 Uhr

Diane, ich stehe vor dem Leichnam eines jungen Mannes von etwa zwanzig Jahren. Er liegt direkt neben einem Highway. Der Mann ist gefesselt und geknebelt und weist mehrere Einschüsse auf. Er ist nackt und zeigt Spuren von sexuellem Mißbrauch. Die örtlichen Behörden nehmen an, daß es in diesem Fall auch um Entführung geht. Deshalb sind wir in die Ermittlungen einbezogen worden.

Diane, lassen Sie mir alle unaufgeklärten Morde des letzten Jahres an jungen Männern ungefähr desselben Alters heraussuchen. Sehen Sie sich auch Todesfälle unter männlichen Prostituierten an, egal, ob sie als Unfälle oder wie auch immer registriert sind. Fangen Sie im Raum San Francisco an und dehnen Sie die Suche so weit wie nötig aus, um festzustellen, ob es sich um einen Wiederholungstäter handeln könnte. Mein Gefühl sagt mir, wir haben es hier mit einer Mordserie zu tun.

23. Juni, 16 Uhr

Unser Opfer war tatsächlich ein Stricher. Er war neunzehn Jahre alt, amphetaminsüchtig, ist mit sechzehn von zu Hause weggelaufen. Seine Eltern leben in Minnesota. Ich vermute, er ist mißbraucht worden. Es gab innerhalb der letzten acht Monate noch zwei weitere unaufgeklärte Morde an männlichen Prostituierten. Sie passen ins Bild. Tod durch Gewaltanwendung oder eine Überdosis Stoff ist in dieser Gruppe nicht selten; deshalb haben die örtlichen Behörden nicht nach einer Verbindung gesucht.

Habe einen jungen Mann namens Spider vernommen, der das Opfer in der Nacht seines Verschwindens getroffen haben will. Er hat seinen Freund zuletzt gesehen, als er in eine blaue Limousine neueren Baujahrs einstieg. An das Gesicht des Fahrers erinnert er sich nicht. Außerdem werden mindestens zwei weitere männliche Prostituierte im Mission District der Stadt vermißt.

Diane, lassen Sie in Washington die Akten aller unaufgeklärten Morde an männlichen Prostituierten im ganzen Land heraussuchen. Und erkundigen Sie sich auch nach vermißten Strichern. Dann stellen Sie die Daten nach Tatort und Tatzeitpunkt zu einer Tabelle zusammen.

28. Juni, 11 Uhr

Diane, wenn mich meine Ahnung nicht täuscht, dann haben wir es mit einem Mörder zu tun, der innerhalb der letzten zwei Jahre achtmal zugeschlagen hat . . . und zwar in einer geraden geographischen Linie von Illinois bis nach San Francisco. Bleibt er bei seinem Muster, so wird er wahrscheinlich in den nächsten Wochen wieder einen Mord verüben.

Was die blaue Limousine betrifft, war nichts rauszubekommen. Ich habe sämtliche Behörden der Region verständigt, daß ein Serienkiller in der Gegend ist und höchstwahrscheinlich bald wieder zuschlagen wird. Die männlichen Prostituierten zur Mitarbeit zu bewegen, ist freilich eine ganz andere Sache. Ihre Erfahrungen mit Behörden sind nicht gerade dazu angetan, Vertrauen bei ihnen aufkommen zu lassen.

Soviel wissen wir: In sechs der acht Mordfälle wurden die Opfer zuletzt in Schwulenbars gesehen. Der einzige sinnvolle Schritt scheint jetzt zu sein, sich selbst getarnt in der Szene umzuschauen. Habe Kontakt mit einem schwulen Beamten im Innendienst bei der Polizei . . . Nein, lassen Sie mich das anders ausdrücken: Arbeite mit einem Beamten zusammen, der nicht genannt werden will. Er hat mir ein paar Ledersachen geliehen und mir den Nachtclub gezeigt, wo der Täter vermutlich auftauchen wird. Das letzte Opfer war Stammgast in diesem Lokal, obwohl nicht feststeht, ob es in der Mordnacht auch dort gewesen ist.

28. Juni, 22 Uhr

Das Gefühl von Leder auf der Haut ist überraschenderweise ziemlich stimulierend.

28. Juni, 22.10 Uhr

Stehe vor dem Club Y. Glaube kaum, daß ich seit meiner Pfadfinderzeit eine so große Männergemeinschaft gesehen habe. Ich kann mich zwar irren, doch fürchte ich, daß mich das Pfadfinderhandbuch nicht darauf vorbereitet hat, was sich hinter diesen roten Türen abspielt.

29. Juni, 3 Uhr

Zu meiner großen Überraschung lernte ich auf der Tanzfläche drei Leute kennen, die ebenfalls Kornetts bei den Pfadfindern waren. Einer von ihnen scheint sich noch immer sehr für Seile und Knoten zu interessieren. Begegnete niemandem, auf den unser Täterprofil passen würde. Wurde immerhin zu einer sechstägigen Schiffsreise auf einer Yacht nach Hawaii eingeladen. Versuche es morgen wieder.

29. Juni, 21 Uhr

Bekam ein Telegramm von Gordon: Ich soll auf meine Kehrseite aufpassen. Polizei und FBI haben zugesagt, mir für die nächste Woche sechs zusätzliche Beamte zur Verfügung zu stellen. Was wir jetzt brauchen, ist eine Spur.

29. Juni, 23 Uhr

Club Y. Diane, habe allein in der letzten Stunde fünf Anträge bekommen. Keiner paßte auf unser Profil, aber einige waren ausgezeichnete Tänzer. Ich habe wohl etwas an mir, das mir noch fehlte, als ich im College war – damals hatte ich nie soviel Glück.

30. Juni, 2 Uhr

Eine hellblaue Limousine wurde gesehen, wie sie mehrfach ums Lokal herumfuhr. Ich gehe raus und versuche Kontakt aufzunehmen.

30. Juni, 2.15 Uhr

Das Fahrzeug ist ein blauer Ford, Kennzeichen California 203-CYH. Ich nehme zwar an, daß das gesuchte Fahrzeug ein auswärtiges Kennzeichen hat, doch ist das bisher der dickste Fisch, der ins Netz gegangen ist. Er kommt auf mich zu.

30. Juni, 2.30 Uhr

Diane, das war nicht der Fisch, nach dem wir die Netze ausgeworfen haben. Nur ein Vertreter aus Mill Valley. Ich riet ihm, zu seiner Frau zurückzugehen und mit ihr darüber zu reden, sonst könnten ernsthafte Probleme in seiner Ehe entstehen. Ich bin wieder auf der Straße . . . Ich glaube, das war ein Schrei.

30. Juni, 2.38 Uhr

Diane, ich verfolge im Moment einen ziemlich neuen blauen Dodge Dart. Der Fahrer ist wahrscheinlich bewaffnet und gefährlich. Er hat versucht, einen Stricher zu überfahren, als ein Streit über den Preis für dessen Dienste ausbrach. Übrigens sollte in diesem Zusammenhang erwähnt werden, daß mehr Polizeibeamte bei Verfolgungen mit dem Auto verletzt werden als bei jeder anderen berufsbezogenen Tätigkeit. Muß abbiegen . . . Glaube, ich habe ein Problem . . . Bitte finden Sie raus, wann dieser Wagen zum letzten Mal in der Inspektion war.

30. Juni, 4 Uhr

Diane, ein Tip zur Sicherheit im Straßenverkehr: Überzeugen Sie sich immer erst, daß Ihre Bremsen in Ordnung sind, bevor Sie einen größeren Hügel hinunterfahren. Ich bin unverletzt, aber mehrere hundert Meter Hecke werden vom FBI ersetzt werden müssen. Der Verdächtige ist in Haft, obwohl ich ihn nur der einfachen Körperverletzung für schuldig halte. Mit den Serienmorden hat er nichts zu tun.

30. Juni, 10 Uhr

Die Leute vom Labor haben gerade ein winziges Indiz identifiziert, das beim letzten Opfer gefunden wurde: eine Faser, die man unter einem seiner Zehennägel entdeckt hat. Sie stammt von der Fußmatte eines Autos. Sie war blau, möglicherweise aus einem Ford, obwohl mehrere Firmen dasselbe Material verwenden. Ich bin jetzt auf dem Weg nach Mill Valley, um den Vertreter aufzusuchen, der mich vergangene Nacht angesprochen hat. Er heißt Bush, ist nicht verheiratet und hat bis vor einem Jahr in Chicago gewohnt. Ich glaube, das kann man als eine heiße Spur ansehen. Besorge mir einen Durchsuchungsbefehl.

30. Juni, 13 Uhr

Befinde mich in Bushs sehr kleinem Haus. Drei von unseren Leuten sind draußen postiert. Es gibt hier einen weißen Holzzaun, Rosen, Blumenkästen, einen neuen Teppichboden, einen abgetrennten Penis im Glas und vier Polaroids von nackten Männern, die mit gefesselten Händen auf dem Bauch liegen. Einer ist offenbar das letzte Opfer. Ohne ins Detail zu gehen, ist klar, daß das Foto nach dem Tod des jungen Mannes entstanden ist. Das Labor wird sich das alles ganz genau ansehen wollen. Jetzt warten wir darauf, daß Mr. Bush nach Hause kommt.

30. Juni, 18 Uhr

Diane, Bush fährt gerade vor. Wir greifen zu, sobald er den Schlüssel ins Schloß steckt.

30. Juni, 19 Uhr

Bush ist in Haft. Er hat auf die Wahrnehmung seiner Rechte verzichtet. Das folgende ist ein Ausschnitt aus seinem Geständnis. Er wirkte bei seinem Bericht ruhig, manchmal sogar froh darüber, daß das Töten nun ein Ende hat.

> COOPER: Am Abend des 14. Juni sprachen Sie einen Prostituierten namens Randy an. Ist das richtig?
> BUSH: Ja, ich glaube, so hieß er.
> COOPER: Wo fuhren Sie mit ihm hin?
> BUSH: Hierher, zu mir nach Hause.
> COOPER: Was taten Sie hier mit ihm?
> BUSH: Wir tranken etwas, und ich zog ihn aus. Dann fesselte ich ihn und erschoß ihn.
> COOPER: Haben Sie noch mehr Menschen getötet?
> BUSH: Ja. Auch erschossen, einen erwürgt.
> COOPER: Warum?
> BUSH: Sie haben mich darum gebeten.

Der Rest ist ungefähr genauso. Diane, ich glaube, ich will eine Zeitlang nichts mehr mit Gewaltverbrechen zu tun haben. Ein bißchen Wirtschaftskriminalität oder Spionage dürfte genau die richtige Erholung sein. Das war ein sehr langer Tag.

30. Juli, 11 Uhr

Diane, es hat mich einige Anstrengung gekostet, aber ich bin der Spionageabwehr zugeteilt worden.

DIE NÄCHSTEN SECHS JAHRE VERBRACHTE COOPER BEI DER ABTEILUNG FÜR SPIONAGEABWEHR. WENN ES AUFNAHMEN AUS DIESER ZEIT GIBT, WEISS DAS FBI OFFIZIELL NICHTS DAVON. DIE FOLGENDEN »BRIEFE« AN SEINEN VATER SIND DAS EINZIGE BANDMATERIAL AUS DIESER PERIODE, DAS FREIGEGEBEN WURDE.

1983

Lieber Dad,
tut mir leid, von Shamrocks Unfall zu hören. Die Leute vom Labor hier sind wie ich der Ansicht, daß die meisten Leute auch mit nur drei Zehen ein normales Leben führen können, sie sollte also keine größeren Probleme haben. Wenn sie irgendwas an ihren Schuhen ändern lassen muß, so weiß ich einen Chinesen, der früher an Schuhen für Frauen gearbeitet hat, deren Füße eingebunden waren.
Mir geht's gut. Obwohl ich nicht zugeben darf, daß ich überhaupt arbeite, läuft die Arbeit bestens. Habe eine sehr nette russische Tänzerin kennengelernt. Interessanterweise hat auch sie Schwierigkeiten mit den Füßen. Sei beruhigt, alle Grenzen sind gut gesichert, und das Leben, wie wir es kennen, wird noch ziemlich viele Jahre so weitergehen. Das mit den Werkzeug-Kalendern freut mich natürlich.
Dale

1986

Lieber Dad,
Du kannst die Legionärskrankheit nicht von ungewaschenem Obst kriegen, darin sind wir uns hier alle einig. Deiner Beschreibung nach war es wohl nur eine ganz normale Lebensmittelvergiftung. Ich schlage vor, Shamrock denkt noch mal über diese Diät für Euch beide nach. Ich kann mich nicht erinnern, daß die Abschaffung des Kühlschranks zu den Grundregeln makrobiotischer Lebensweise gehört.
Danke für die blauen Socken zu Weihnachten. Sie waren genau richtig. Dachte, ich sollte Dich wissen lassen, daß ich eine Versetzung innerhalb des FBI

beantragt habe. Gordon Cole will mich wieder in der Verbrechensbekämpfung aktiv sehen. Er läßt grüßen und dankt für den Tip mit den Ohrentropfen.
Hoffe, Du kannst bald wieder aufstehen. Ich halte Dich über alles hier auf dem laufenden.

Dale

2. KAPITEL

IM SOMMER 1987 VERLIESS COOPER DIE SPIONAGEABWEHR, UM BEI EINEM ANTI-DROGEN-PROGRAMM MITZUARBEITEN, DAS DAS FBI UND DIE DRUG ENFORCEMENT AGENCY (DEA) GEMEINSAM DURCHFÜHRTEN.

24. August, 9 Uhr

Diane, ich war jetzt drei Tage bei der DEA drüben und habe noch immer niemanden mit Jackett und Krawatte getroffen. Außerdem fällt mir auf, daß alle dort ständig voll bewaffnet sind, selbst wenn sie nur im Büro sitzen und Kaffee trinken. Vielleicht haben gerade diese Leute Sinn für die neuen Ermittlungstechniken, die ich derzeit an Hand der Schriften eines tibetanischen Mönchs namens Gumm entwickle.

26. August, 23 Uhr

Den Resultaten meines ersten profunden Tests der Gummschen Schriften zufolge hat Lee Harvey Oswald an jenem verhängnisvollen Tag in Dallas nicht allein gehandelt. Danach ist Jack Ruby noch am Leben und hält sich in Peru auf . . . Ich fürchte, ich muß daran noch feilen.

2. September, 10 Uhr

Diane, die mexikanischen Behörden haben die DEA auf eine große Kokain-Lieferung aufmerksam gemacht, die zur Grenze unterwegs ist. Mit Unterstützung der Bundespolizei Mexikos wird die DEA in der Grenzstadt Tijuana als Käufer der Ladung auftreten. Die vorgeblichen Käufer sollen zwei Versicherungsvertreter aus dem mittleren Westen sein. Aus irgendeinem Grund meint man bei der DEA, das wäre genau meine Kragenweite. Mein DEA-Partner ist ein Agent namens Dennis Bryson. Heute abend brechen wir nach San Diego auf. Dort übernehmen wir ein Auto und sprechen uns mit den Mexikanern ab.

2. September, 23.30 Uhr

San Diego. Diane, wenn ich das nächste Mal gen Süden reise, dann erinnern Sie mich doch bitte daran, Tabletten zur Desinfizierung des Trinkwassers, einen Kompaß und einen breitkrempigen Hut mitzunehmen.

4. September, 9 Uhr

Diane, wenn wir diese Grenze überqueren, dann sind wir in einem anderen Land. Das klingt ziemlich selbstverständlich, doch sind die Folgen recht kompliziert. Wir werden völlig auf uns allein gestellt sein. Wir können nirgends Hilfe oder Verstärkung anfordern. Unsere Dienstmarken, die jeder Beamte einer Strafverfolgungsbehörde als Teil seiner Identität ansieht, müssen wir in den Staaten zurücklassen. Falls etwas schiefgeht, wird niemand wissen, wo wir sind, weil wir das Land niemals offiziell betreten haben.

Kurz gesagt, sobald wir die Grenze überquert haben, existieren wir nicht mehr.

4. September, 10 Uhr

Habe den Zöllner mit fünf Dollar bestochen, damit wir schneller über die Grenze kamen. Vielleicht ist es nur Einbildung, aber ich bin mir ziemlich sicher, daß wir verfolgt werden. Da nur zwei Beamte der Bundespolizei von unserer Mission wissen, halte ich das nicht unbedingt für ein gutes Zeichen.

4. September, 11 Uhr

Das Durcheinander, das entsteht, wenn zwei Kulturen sich auf schmalem Raum an einer gewöhnlichen Grenze begegnen, gibt der Phantasie Nahrung. Aber es liefert auch Stoff für Alpträume. Jedes nur vorstellbare Laster, jede Art von Glücksspiel, jede Perversion und Sucht treiben hier ihre buntesten Blüten. Mittlerweile sind wir uns sicher, daß wir verfolgt werden. Ein brauner Lieferwagen mit zwei Mexikanern fährt hinter uns her, seit wir die Grenze überquert haben. Im Augenblick beschränken sie sich darauf, uns in größerem Abstand zu folgen und zu beobachten. Sollte sich das ändern, müßten wir unseren Plan den neuen Gegebenheiten anpassen.

Unser nächstes Ziel ist das Casa de Vista Motel, ein scharf gewürzter Lunch und ein Anruf von unseren Lieferanten, um ein Treffen zu arrangieren.

4. September, 12.30 Uhr

Diane, eines scheint sich nie zu ändern, ganz egal, in welches Land man auch reist: Das groß angepriesene Zimmer mit Aussicht erweist sich stets als nicht vorhanden. Die einzige Landschaft, die ich gerade überblicken kann, ist eine staubige Straße, über die ein großer brauner Hund eine tote Schlange schleift. Nach einem Blick in den Speisesaal würde es mich nicht überraschen, wenn diese Schlange den Hauptgang des Mittagsmenüs bilden würde.

4. September, 13.30 Uhr

Diane, unterschätzen Sie nicht die wahrhaft einzigartige Erfahrung, die Reptilien für den unvoreingenommenen Gaumen bereithalten: zarte Stücke weißes Fleisch, gedünstet in einer Sauce aus Chilischoten und Kaktusfleisch. Die Amerikaner schätzen eine ganze Anzahl wertvoller Glieder der

Nahrungskette gering, nur weil wir den Gedanken an ihren Verzehr widerlich finden.

Noch immer warten wir auf den Anruf der Drogenlieferanten, und auf der anderen Straßenseite sitzen unsere Freunde in ihrem Lieferwagen.

4. September, 14 Uhr

Haben den Anruf bekommen. Wir sollen am Zuckerwattestand neben der Stierkampfarena einen Mann treffen. Man hat uns keine Beschreibung gegeben, angeblich wird er uns erkennen. Uns beiden ist nicht recht wohl bei der Sache. Wird Zeit, daß wir unsere Freunde im Lieferwagen abschütteln.

4. September, 15 Uhr

Unsere beiden Schatten sind wir los. Haben sie auf dem Markt verloren. Dennis ist nun auf seinem Posten am Zuckerwattestand. Ich bleibe im Hintergrund, falls Probleme auftreten. Ein großer Mann in einem weißen Anzug geht auf Dennis zu . . . Wir haben ein Problem.

4. September, 19.03 Uhr

Diane, Dennis ist weg. Ich weiß nicht, wo er steckt. Der Verkäufer wollte nicht mit uns beiden verhandeln. Dennis beschloß, allein mit ihm fortzugehen. Sie fuhren in einem grauen Mercedes-LKW mit Vierradantrieb davon. Ich sollte in unserem Zimmer warten und innerhalb von vier Stunden Nachricht bekommen. Die Frist ist vor drei Minuten abgelaufen. Mir schwant Böses. Bevor er ging, sagte Dennis noch, wenn Probleme auftreten, sollte ich den doppelten Boden seines Koffers öffnen . . . Wo die DEA israelische Handgranaten herbekommt, kann ich nur vermuten. Nehme an, die Maschinenpistole wird ebenfalls gute Dienste leisten. Ich glaube, es ist an der Zeit, daß ich unseren Freunden in dem Lieferwagen einen Besuch abstatte.

9. September, 19.50 Uhr

Diane, wenige Dinge auf dieser Welt haben die Überzeugungskraft einer Handgranate in der eigenen Unterhose. Meine beiden neuen Freunde haben mir nicht nur gesagt, wo Dennis ist, sondern sie boten mir auch noch ihren Wagen an. Mein alter Pfadfinderleiter wäre sicher erfreut darüber, daß ich noch immer einen erstklassigen Kreuzknoten hinkriege.

Dennis wird auf einer großen Ranch außerhalb der Stadt festgehalten. Ich habe allen Grund zu der Annahme, daß ich keinerlei Hilfe von der Bundespolizei erwarten darf, auch wenn mir auf der Ranch möglicherweise ein paar Beamte begegnen werden.

9. September, 22 Uhr

Diane, während ich die Ranch überblicke, fallen mir einige Dinge auf, die eindeutig für mich sprechen. Erstens, es ist Neumond. Zweitens, die Überraschung ist auf meiner Seite. Drittens, es scheint nur ein Dutzend Wachen auf dem Gelände zu geben. Nun, vielleicht sollte ich Nummer drei doch besser unter die unentschiedenen Punkte einreihen.

Laut den Besitzern des Lieferwagens wird Dennis in einer Baracke bei der Pferdekoppel festgehalten. Ein Mann bewacht die Tür. Die Aufgabenstellung ist ziemlich einfach: Dennis rausholen, ohne daß einer von uns getötet wird. Ich glaube, was ich brauche, ist ein sehr großes Gummiband.

10. September, 0 Uhr

Die Mehrzahl der Wachen scheint schlafen gegangen zu sein. Konnte kein Gummiband finden, habe aber mit einem Hanfseil, das ich hinten im Lieferwagen fand, eine Schleuder gebastelt.

Mein Plan ist zweiteilig: In Teil eins werfe ich mit Hilfe der Schleuder eine Granate vor die Tür der Baracke, dann eine Rauchgranate mitten aufs Gelände. Das entstehende Durcheinander nutze ich, um die Wache vor der Tür loszuwerden und Dennis zu befreien. Falls Teil eins nicht funktioniert, greife ich auf die alte Maxime von Ulysses S. Grant* zurück: die überlegene Feuerkraft voll einsetzen. Eben ist mir etwas eingefallen, Diane: Ich habe noch nie eine Handgranate benutzt.

10. September, 2 Uhr

Diane, vergessen Sie nie, wenn Sie mit Hilfe einer Schleuder eine Handgranate werfen, daß die Flugkurve ebenso wichtig ist wie die Fluggeschwindigkeit. Auch sollte festgehalten werden, daß der Einsatz von Handgranaten innerhalb der Grenzen eines souveränen Staates zur Abschiebung und zu heftigem Abwehrfeuer führen kann.

Dennis ist wohlauf. Habe herausgefunden, daß eine gute Mischung aus den Kampfregeln von Ulysses S. Grant und einer soliden Portion Glück ziemlich effektiv funktioniert. Ich erwarte nicht, daß einer von uns beiden in absehbarer Zeit wieder eingeladen wird, dieses bezaubernde Land zu besuchen.

AM NÄCHSTEN TAG ERSCHIEN FOLGENDER BERICHT ÜBER DEN ZWISCHENFALL IM SAN DIEGO MIRROR.

> *Die mexikanische Polizei meldet, daß bei einem Feuergefecht auf einer Ranch fünfzehn Kilometer außerhalb von Tijuana sieben Männer verletzt wurden. Die Männer besuchten alle eine Messe in der Kapelle der*

---

* *Ulysses S. Grant, 1822–1885, Oberbefehlshaber der Unionstruppen im amerikanischen Bürgerkrieg, 1869–1877 Präsident der USA. A. d. Ü.*

Ranch. Dem Bericht zufolge entstand dabei ein Streit über die Auslegung des Buches Hiob, der schnell zu einer bewaffneten Auseinandersetzung mit Maschinenpistolen und Handgranaten eskalierte.

WEDER DIE DRUG ENFORCEMENT AGENCY NOCH DAS FBI GABEN EINE OFFIZIELLE VERLAUTBARUNG ODER EINEN KOMMENTAR ZU DIESEN VORFÄLLEN AB. COOPER ARBEITETE NOCH AN EINEM WEITEREN FALL FÜR DAS GEMEINSCHAFTLICHE PROGRAMM BEIDER BEHÖRDEN, BEVOR ER WIEDER GANZ ZUM FBI ZURÜCKKEHRTE.

9. November, 16 Uhr

Diane, auf meinem Schreibtisch liegt eine Meldung, daß eine große Menge Kokain über eine Zahnarztpraxis in Oakland vertrieben wird. Es gibt Zeiten, Diane, in denen wir alle ein Opfer bringen und weit über unsere Pflicht hinaus einen Beitrag für das allgemeine Wohl leisten müssen, auch wenn es Leib und Leben kosten kann. Das ist ein solcher Zeitpunkt. Dennis war vor zwei Monaten beim Zahnarzt. Die Last ruht also allein auf meinen Schultern, fürchte ich.

Angst, Diane, ist ein durchaus beherrschbares Gefühl, wenn Geist und Körper richtig trainiert sind. Jedoch gibt es zwei Ausnahmen, auf die ich mich durch nichts, aber auch gar nichts vorbereiten kann. Das eine ist ein kleiner Käfer, der in mein Ohr krabbelt und sich auf mein Gehirn zubewegt. Das andere ist ein Zahnarzt, der sich mit einem Hochgeschwindigkeitsbohrer auf meinen Mund zubewegt.

Ich war seit sieben Jahren nicht mehr beim Zahnarzt.

15. November, 10 Uhr

Ich habe einen Termin. Bestimmt ist es nur Einbildung, doch ich habe das sichere Gefühl, daß jeder einzelne meiner Zähne total durchlöchert ist. Die ganze Nacht hatte ich lebhafte Träume von meiner Mutter, die eine Schale voller Cornflakes nach der anderen vor mich hinstellte. Und auf allen waren riesige Berge Zucker.

18. November, 13 Uhr

Diane, ich habe eine gute und eine schlechte Nachricht. Ich glaube, ich kann einen Deal mit dem Zahnarzt arrangieren. Die schlechte Nachricht ist, daß der Achtjährige, der im Wartezimmer neben mir saß, was seine Zähne betrifft weit bessere Zukunftsaussichten hat als ich.

Ich bin jetzt stolzer Besitzer von sechs Löchern. Jedesmal, wenn der Arzt ein neues fand, drohte mir die Zahnarzthelferin mit dem Finger. Diane, wenn Sie einen Moment Zeit haben, könnten Sie dann bitte im FBI-Handbuch nachsehen, ob es irgendwelche Sonderregelungen für das Erschießen von Zahnarzthelferinnen gibt?

23. November, 15 Uhr

Diane, dieser Zahnarzt hat seinen letzten Zahn plombiert. Unglücklicherweise war es meiner, aber ich glaube, er hat gute Arbeit geleistet.

3. KAPITEL

AM 15. DEZEMBER 1987 VERLIESS COOPER DAS GEMEINSCHAFTSPROJEKT VON FBI UND DEA.

20. Dezember, 23 Uhr

Diane, ich kann Ihnen nicht sagen, wie schön es ist, sich wieder auf bekanntem, festem Terrain zu bewegen. Obwohl ich die Arbeit der DEA respektiere und bewundere, habe ich doch das Gefühl, der etwas wilde Esprit de Corps, der dort herrscht, paßt nicht recht zu mir. Aber ich hatte verdammt viel Spaß, ganz zu schweigen von einer kostenlosen Instandsetzung meines Gebisses.

AM 7. JANUAR 1988 FAND COOPER FOLGENDES BAND IN SEINER POST.

Da war ein Agent aus Killarney,
Der tollte verliebt durch den Weißklee,
Als ein Pfeil flog heran
Und ins Mark traf den Mann.
Nun ist der Agent aus Killarney tot.

Ich weiß, die letzte Zeile reimt nicht, aber sie paßt so gut zum Geist des Gedichts, oder nicht, Dale? Ich habe noch ein zweites gemacht. Möchtest Du es hören?

An einem dunklen Tag in der Mitte der Nacht
Trafen zwei tote Agenten sich zur Schlacht.
Rücken an Rücken fixierten sie einander,
Zogen das Schwert und erschossen einander.
Ein tauber Polizist hörte den Lärm,

Aber Cooper war tot, genau wie Windoms Frau.
Ich habe die Zukunft gesehen, sie ist jetzt.

Bis bald, Dale.

Dein treuer Freund und
Lehrer Windom of Earle
... Klingt ziemlich vornehm, findest Du nicht?

8. Januar, 10 Uhr

Diane, ich habe eine Kopie des Bandes an Gordon nach Washington geschickt. Man kann da nichts tun. Windom ist völlig wahnsinnig und wird das Krankenhaus nie mehr verlassen.

17. Januar, 9 Uhr

Diane, es sieht so aus, als müßte ich für einige Zeit weg. Es gab einen Mord im Südwesten des Staates Washington. Die dortigen Behörden schließen aus dem Zustand der Leiche, daß es auch um Entführung geht, und haben darum das FBI eingeschaltet.

Gordon hat mich gebeten, den Fall zu übernehmen, weil er das Gefühl hat, es könnte sich um ein Serienverbrechen handeln. Keiner unserer Agenten in der Gegend hat Erfahrung mit so etwas. Ich nehme die 11-Uhr-Maschine nach Portland, Oregon, wo ich ein Auto gestellt bekomme, um in die Stadt Deer Meadow zu fahren, ungefähr eine Stunde nördlich von Portland.

Dort oben ist jetzt Winter, deshalb packe ich lange Unterhosen, Wollsocken und eine Mütze ein. Außerdem eine Schutzbrille, falls ich in einen Schneesturm gerate.

17. Januar, 11.50 Uhr

Bin in der Luft, Diane. Erinnern Sie mich bitte vor meinem nächsten Flug daran, eine Thermoskanne mit Kaffee aus dem Büro mitzunehmen. Hier servieren sie eine Mischung aus Sägespänen, Tannenrinde und etwas Geheimnisvollem, das beim besten Willen nicht zu identifizieren ist. Außerdem rate ich Ihnen, bevor Sie ein Lachsbrötchen auf einem Linienflug verzehren, sich zu vergewissern, daß der dazugehörige Lachs irgendwann innerhalb der letzten zehn Jahre einmal einen Fluß hinaufgeschwommen ist.

17. Januar, 13.20 Uhr

Habe im FBI-Büro von Portland einen Wagen abgeholt und bin unterwegs nach Norden. Treffe die örtlichen Beamten im Leichenschauhaus.

17. Januar, 15 Uhr

Diane, die örtlichen Beamten sind ein einziger riesengroßer Ex-Marine, der auf den Namen Cable hört. Im Ort kennt man ihn als den *Chef.* Er ist nicht gerade begeistert von der Idee, einen Bundesbeamten in seinem Revier zu haben, obwohl klar ist, daß ihm das letzte größere Verbrechen in einem Gangsterfilm unter die Augen gekommen ist.

Alles, was ich im Moment weiß, stammt aus Cables Bericht. Ein nobelpreisverdächtiger Roman. Reduziert man ihn auf die Fakten, so kommt etwa folgendes Bild heraus: Teresa Banks, soweit bekannt ohne Angehörige und mit unbekanntem Wohnort, wurde in einem Entwässerungsgraben am Stadtrand gefunden. Ihr nackter Körper war in Plastikfolie verpackt, die mit Klebeband verschnürt war. Sie wies Spuren mehrerer Schläge am ganzen Kopf auf. Der hiesige Leichenbeschauer hat als Todesursache eine Gehirnverletzung festgestellt, die durch einen Schlag gegen die rechte Schläfe hervorgerufen wurde. Durch diesen Schlag wurde der Schädel zerschmettert. Keiner der anderen Schläge war hart genug, den Tod herbeizuführen. Sie hatte innerhalb der letzten zwölf Stunden vor ihrem Tod Sexualverkehr.

Ich gehe jetzt rein und sehe mir die Leiche an.

17. Januar, 15.10 Uhr

Diane, ich stehe vor dem Leichnam einer weißen, etwa achtzehnjährigen Frau. Gewicht: 52 Kilo. Sie weist einen offensichtlichen Bruch der Schädeldecke oberhalb des rechten Ohres auf. Druckstellen an ihrem Hals deuten darauf hin, daß sie darüber hinaus gewürgt wurde. Sie hat Rißwunden an beiden Knien, in denen sich Schmutz festgesetzt hat. Kein Hinweis, daß sie zum Zeitpunkt ihres Todes oder davor gefesselt war . . . Das ist interessant. Geben Sie mir bitte die Pinzette?

Diane, irgend etwas scheint unter den Nagel ihres Ringfingers geschoben worden zu sein . . . Offenbar ist es bis ins untere Viertel des Nagels gedrungen . . . Noch ein bißchen tiefer. Chef, ich glaube, Ihnen wird gleich besser, wenn Sie ins Freie gehen . . . Da, ich habe es.

Diane, es ist ein kleines quadratisches Stück Papier mit dem Buchstaben T darauf. Ich würde sagen, der Buchstabe stammt von einer amerikanischen mechanischen Schreibmaschine, älteres Baujahr. Das Labor sollte das genauer bestimmen können.

Unter den anderen Nägeln, auch der Zehen, ist nichts. Wir müssen alle Morde an Frauen ihrer Altersgruppe überprüfen, insbesondere auf Buchstaben unter den Fingernägeln, Verpacken der Leiche in Plastik, ähnliche Todesursache und so weiter.

Diane, wie Gordon schon meinte, sieht hier alles nach einem Serienverbrechen aus. Die Frage ist nur: Ist es der Anfang oder das Ende der Serie?

17. Januar, 18 Uhr

Diane, sieht so aus, als hätte Teresa Banks zuletzt in einem Rasthaus etwa fünfzehn Kilometer außerhalb der Stadt gearbeitet, in einem winzigen Ort namens Cross River. Ein Mann aus Deer Meadow hat sie als eine Kellnerin wiedererkannt, die er dort gesehen hat. Ich bin jetzt dorthin unterwegs.

Einem Gerücht zufolge soll es in dieser Gegend ausgezeichneten Kuchen geben, Diane. Es ist die heilige Pflicht eines FBI-Beamten, Dichtung von Wahrheit zu scheiden, wo immer sich eine Gelegenheit bietet. Da ein so hohes Gut wie Kuchen auf dem Spiel steht, sehe ich mich genötigt, der Sache ausgiebig auf den Grund zu gehen.

17. Januar, 19.30 Uhr

Im Cross River Café. Der Besitzer ist ein Mann namens Weller. Teresa Banks hat hier nur drei Wochen lang gearbeitet. Sie wohnte in einer der Blockhütten unten am Fluß, die an Touristen vermietet werden. Die letzten fünf Tage war sie nicht mehr zur Arbeit erschienen, und alle ihre persönlichen Sachen waren aus der Hütte verschwunden. Sie hinterließ keine neue Adresse, niemand hat sie mit irgend jemandem weggehen sehen. Ich habe ihre Hütte durchsucht, ohne auch nur das kleinste Indiz für ein Verbrechen zu finden. Einen Tag war sie da, am nächsten wieder weg. Sieht nach einer Sackgasse aus, obwohl ich berichten kann, daß der Pfirsich-Apfel-Kuchen, den sie dort machen, ein Gedicht ist. Der Nußkuchen allerdings war ebenso enttäuschend wie der Kirschkuchen.

17. Januar, 23 Uhr

Diane, ich wohne im Loggers Inn. Falls morgen keine neue Spur auftaucht, gibt es wenig Grund für mich, länger hierzubleiben. Ich gebe es äußerst ungern zu, aber ich bin mit meinen Ermittlungen in einer Sackgasse gelandet. Ein maschinengeschriebener Buchstabe ist alles, was wir haben. Wen sie getroffen hat und was sie die letzten fünf Tage ihres Lebens getan hat, bleibt mir verborgen. Als letzten Strohhalm habe ich alle Einwohner mit Vorstrafe, und sei es nur wegen einer Verkehrsübertretung, überprüft. Doch auch hier nicht der Hauch einer Spur. Besitzer und Angestellte des Cafés sind ebenfalls durchleuchtet – ohne jedes Ergebnis.

Diane, jeder Weg hat einen Anfang. Nichts kann sich auf dieser Welt bewegen, ohne irgendeine Spur zu hinterlassen. Doch genau vor einem solchen Fall stehen wir jetzt. Ich weiß nicht, wie ich es ausdrücken soll, aber hier stimmt etwas ganz und gar nicht. Das klingt ziemlich naheliegend. Aber mein Gefühl sagt mir, hier ist etwas am Werk, womit ich schon einmal Kontakt hatte. Nennen Sie es das Böse, ich spüre etwas Altes und sehr Gefährliches, mit dem ich schon dreimal Kontakt hatte. Einmal in einem kleinen Bergdorf, auf meinen Reisen. Einmal im College. Und einmal, als Caroline ermordet wurde. Die FBI-Ausbildung erstreckt sich nicht auf Mächte außerhalb der physikalischen Welt, ja, sie erkennt nicht einmal deren Existenz an – ebenso wie das gesamte abendländische Denken. Aber es gibt sie, ob sie durchs Dunkel der Nacht gleiten oder auf einer Windbö vorbeischwirren oder zusammengerollt wie eine Schlange in der Seele lauern, jeden Moment zum Zustoßen bereit. Ich weiß, diese Mächte sind wirklich. Ich habe gesehen, wie sie einen Freund zerstörten.

Sie waren hier, in dieser abgelegenen Stadt, und haben ein weiteres Opfer gefordert. Die Frage ist, wann sie wieder zuschlagen werden. Denn das wird geschehen. Aber wo?

Genug für diese Nacht, Diane.

18. Januar, 9 Uhr

Diane, in der Nacht kam ein Sturm auf. Jetzt weiß ich etwas mehr über das Opfer: Teresa Mary Banks wurde am

11. Juli 1970 in Tacoma, Washington, als Tochter von Ellen und Tony Banks geboren. Als sie zwölf Jahre alt war, kamen ihre Eltern bei einem Autounfall ums Leben, und sie wurde unter staatliche Vormundschaft gestellt. Mit fünfzehn rannte sie aus einem staatlichen Heim davon und wurde nicht mehr gesehen – bis zu dem Tag, an dem man ihre Leiche fand. Das ist nicht viel für ein ganzes Leben.

Die restlichen Laborberichte sollten innerhalb von zwei Tagen vorliegen. Ich erwarte nicht, daß viel mehr dabei herauskommt, als wir ohnehin schon wissen.

20. Januar, 11 Uhr

Diane, ich habe den letzten Laborbericht im Mordfall Banks bekommen. Zwei Punkte sind bemerkenswert: Das Stück Papier unter ihrem Nagel war säurefreies Schreibmaschinenpapier, eine sehr teure Sorte; und der getippte Buchstabe stammt offenbar von einer alten Smith-Corona Modell 99. Beides sind vielleicht nützliche Informationen, aber sie bringen uns im Moment nicht weiter. Da niemand Anspruch auf die sterblichen Überreste von Teresa Banks erhob, wurde sie auf Gemeindekosten in einem unbezeichneten Grab beerdigt. Beim Begräbnis waren ein Pfarrer, ein Vertreter der Gemeinde, zwei Totengräber und ich selbst anwesend. Ich komme nach San Francisco zurück. Hier kann ich nichts mehr tun.

Die Akte wird nicht geschlossen; ich jedoch übernehme einen anderen Auftrag.

2. Februar, 10 Uhr

Obwohl es ein interessanter Zeitvertreib ist, Bankräuber zu verhaften, habe ich Schwierigkeiten, mich auf meine derzeitigen Aufgaben zu konzentrieren. Immer wieder kehren meine Gedanken zu dem unbezeichneten Grab im Staat Washington zurück.

Hatte letzte Nacht einen sehr seltsamen Traum. Ich tanzte mit einem sehr kleinen Mann und einer sehr schönen jungen Frau.

IM JUNI 1988 UNTERNAHM WINDOM EARLE EINEN FLUCHTVERSUCH, WURDE JEDOCH GEFASST. EINIGE TAGE SPÄTER FAND COOPER EIN WEITERES BAND IN SEINER POST.

Es wird Zeit, daß die Partie beginnt. Ich habe den ersten Zug. Er kommt, wenn Du ihn am wenigsten erwartest und zum ungünstigsten Zeitpunkt.

Jetzt ist es Zeit für ein Rätsel.

Wenn auf der Grenze zwischen den USA und Kanada ein Flugzeug abstürzt, auf welcher Seite begräbt man dann die Überlebenden? Das ist ganz einfach.

Antwort: Auf keiner Seite. Man muß sie zuerst umbringen.

Hier ein zweites.

Warum hat sich Bobby Fischer wohl Gott zugewandt und das Schach aufgegeben?*

Antwort: Um auf die andere Seite des Bretts zu kommen.

In letzter Zeit nette Mädchen kennengelernt?

Bis bald, Dale.

Windom Earle

10. Juni, 13 Uhr

Wenn das Böse ein Faden ist, der sich wie eine Schlinge um den Erdball spannt, dan fürchte ich, daß alle seine Enden in Windoms Zelle zusammenlaufen. Die Behörden melden, daß unmittelbar vor Windoms kurzem Ausbruch zwei Patienten, mit denen Windom sich angefreundet hatte, erhängt in ihren Zellen aufgefunden wurden. Beide waren dem Bericht zufolge

---

* *Robert (»Bobby«) Fischer, geb. 1943, 1972 Schachweltmeister, gab den Titel 1975 kampflos ab. A. d. Ü.*

in guter Stimmung gewesen und sollten innerhalb der nächsten beiden Wochen entlassen werden.

Diane, ich habe Sie das noch nie gefragt – und im allgemeinen versuche ich auch, Beruf und Privatleben streng zu trennen –, aber es wäre eine große Ehre für mich, wenn Sie in Erwägung zögen, mit mir zu dinieren. Falls das in irgendeiner Weise den Rahmen überschreitet, den wir für unsere Beziehung gezogen haben, so habe ich dafür Verständnis. Falls nicht, wie wär's mit 20 Uhr?

4. KAPITEL

»Spezialagent Cooper . . . Dale und ich waren einmal miteinander zum Abendessen aus. Wir aßen Wonton-Suppe, Frühlingsrolle und Peking-Ente. Das ist die Ente, die sie mit Luft aufpumpen, bis der Vogel die doppelte Größe erreicht hat. Zweifellos die köstlichste Haut, die ich je gegessen habe, knusprig und gleichzeitig sehr fein. Und das Fleisch selbst nimmt im Mund einen Geschmack an . . . Nun, ich konnte gar nicht genug davon bekommen.«

Diane,
Bundesbedienstete

11. Juni, 7 Uhr

Gestern abend fiel mir beim Essen einer köstlichen Ente ein, daß ich Dianes Familiennamen nicht kenne.

2. Juli, 21 Uhr

Wieder einmal sehe ich mich der entsetzlichen Aussicht auf Ferien gegenüber. Irgendein Mann in irgendeinem kleinen Büro starrt auf irgendeinen Computerschirm und behauptet, ich brauche Erholung.

20. Juli, 15 Uhr

Medicine Hat, Alberta. Diane, beurteilen Sie eine Stadt nie nach ihrem Namen, wenn Sie einen Ausflug planen. Habe ein Paar verdammt gute handgefertigte Schneeschuhe gekauft, die halten ewig. Nächste Station Moose Jaw. Suche nach einer guten, robusten Axt.

24. Juli, 16 Uhr

Hatte gehofft, meinen Bruder hier in Kanada zu finden, doch ich bin zu spät gekommen. Er ist jetzt in Südamerika. Ich habe Emmet seit über zwanzig Jahren nicht mehr gesehen, Diane. Ich fürchte, heute sind wir einander völlig fremd. Ich wünschte, es wäre anders, aber wir haben sehr verschiedene Wege eingeschlagen.

5. August, 21 Uhr

Diane, nichts ist so befriedigend wie die Heimkehr nach einem Abenteuer. Ich weiß nicht, ob es an der kulturellen Differenz liegt oder ob unsere kanadischen Nachbarn einfach gerne Zucker essen, jedenfalls habe ich ein paar verdammt gute Kuchen probiert. Wenn Sie jemals zufällig nach Flin Flon kommen sollten, gehen Sie ins Florida Café und essen Sie ein Stück Erdbeerschaum-Kuchen.

24. September, 16 Uhr

Diane, ich bin unterwegs nach Philadelphia. Mein Vater ist krank. Ich melde mich bei Ihnen, sobald ich seinen Zustand besser einschätzen kann.

26. September, 1 Uhr

Diane, ich habe die letzten Stunden damit verbracht, durch die Straßen zu wandern, in denen ich aufgewachsen bin. So viel hat sich geändert. Duva's hat geschlossen, und das Band Box Theater ist abgebrannt. Dort habe ich »Bonnie and Clyde« gesehen. Ich glaube, ich war der einzige im Kino, der die FBI-Agenten beklatschte.

Der alte Simms und sein Eisenwarenladen sind beide nicht mehr. Er starb vor vielen Jahren, und sein Sohn hat den

Laden kurz darauf verkauft. Selbst die Bande aus der 24. Straße ist nicht mehr dieselbe. Sie tragen jetzt Schußwaffen.

Unser altes Haus ist abgerissen worden, um dort einen Parkplatz für ein Schnellrestaurant zu bauen. Nur die Betonstufen, die zur Haustür führten, und ein paar Stücke von den Markisen sind noch da.

Die Schlurmans sind einige Jahre nach Maries Tod weggezogen. Was aus ihrem Sitzsack geworden ist, weiß ich nicht. Die Schule hat sich kaum verändert. Am Nachmittag saß ich ein paar Stunden im Gemeinschaftsraum. Ein ewig stiller Ort. Der Direktor erzählte mir, daß Mr. Brumley, der Hausmeister, der mich beim Aufnehmen des Sexualkundeunterrichts erwischt hat, in Atlantic City 50000 Dollar gewonnen hat und seither im Ruhestand ist.

Alles, was diesen Ort einst zu meinem machte, ist verschwunden: die Menschen, die Häuser, die Geräusche und Gerüche. Was übrig ist, gehört mir nicht mehr. Ich bin ein Zeitreisender, laufe herum wie ein Archäologe, in der Hoffnung, die Schlüssel zu vergessenen Geheimnissen zu finden oder Hinweise auf das künftige Schicksal. Ich finde keines von beidem. Man kann die Vergangenheit so wenig festhalten, wie man in die Zukunft blicken kann.

Nur der Friedhof ist so wie früher. Vielleicht mehr Steine. Der Rasen ist weniger grün. Die Besucher sind älter. Den Bewohnern ist das egal. Sie kennen die einzige Wahrheit. Was wir hier oben tun, unsere Probleme, unsere Triumphe, Liebe und Haß, Lügen, Wahrheiten und Versprechungen sind alle vergänglich. Die kleine Glaspyramide auf Maries Grab ist weg. Ich hoffe, wer immer sie jetzt besitzt, hat mehr Glück damit als wir beide.

Mein Vater hat sich erholt, obwohl er erschreckend nah vor dem Tod stand. Heute nachmittag sagte er mir, wenn er aus dem Krankenhaus entlassen wird, werden er und Shamrock die Druckerei verkaufen und Philadelphia verlassen. Er murmelte etwas vom Kauf eines Schiffes. Hoffentlich findet er eines, das nicht leckt.

Morgen gehe ich zu der Stelle, an der er die Asche meiner

Mutter in den Fluß gestreut hat. Danach werde ich wohl nicht mehr in diesen Teil des Landes zurückkehren. Es gibt hier nichts mehr für mich.

Ich glaube, ich habe Ihnen das noch nie erzählt, Diane: 1970 hat mein Vater einen neuen Mondkrater entdeckt. Er heißt jetzt Cooper's Crater, und Sie können ihn ganz am Rand des Schattens der dunklen Seite erkennen.

27. September, 15 Uhr

Die Baubehörden dieses Landes sind eine Bedrohung für das spirituelle Leben. Ich stehe am Ufer eines großen Sumpfes voller Algen, wo früher der kleine Bach floß, der meine Mutter ins Meer brachte. Die Mistkerle haben einen Damm gebaut.

11. November, 22 Uhr

Diane, habe heute Nachricht von meinem Vater bekommen. Er ist nicht mehr im Krankenhaus. Die Druckerei steht zum Verkauf. Er schickte mir ein Bild von einem alten Schleppdampfer, der in Florida angeboten wird. Bekomme das Bild nicht aus dem Kopf, wie mein Vater von einem Wal verschlungen wird.

20. November, 23 Uhr

Eine wenig aufregende Woche: ein Bankraub, ein Erpressungsfall und eine fehlgeschlagene Entführung. Habe heute abend einen Vortrag bei den Rotariern* über Wirtschaftskriminalität in der Arbeitswelt gehalten. Kurz gesagt, Diane, mir

* *Mitglieder des 1905 in Chicago gegründeten »Rotary-Clubs«, einer weltweiten Vereinigung von Männern, die sich im privaten, beruflichen und öffentlichen Leben dem »Ideal des Dienens« verschrieben haben. A. d. Ü.*

ist langweilig, und ich habe kein Mittel gefunden, gegen dieses Übel anzukämpfen. Holmes benutzte Kokain, für mich keine annehmbare Lösung. Was ich brauche, was jeder Detektiv braucht, ist ein guter Fall. Etwas, das die eigenen Kräfte bis zum äußersten beansprucht. Sich ins Feuer wagen und alles aufs Spiel setzen. Auf Messers Schneide leben. Gibt es denn keine großen Fälle mehr, Diane? Gibt es denn nirgendwo mehr eine Lindbergh-Entführung, einen Überfall auf einen Brinks-Geldtransport, einen John Dillinger, einen Professor Moriarty? Wenn ich sagen würde, daß ich im tiefsten Inneren auf so etwas hoffte, dann müßte ich meine Dienstmarke und meinen Revolver abgeben und den Beruf wechseln. Man sollte sich nie das Falsche wünschen – am Ende bekommt man es.

18. Februar 1989, 21 Uhr

Diane, ich bekam heute mit der Post folgenden Brief:

Lieber Coop,
scheint so, als wäre ich die letzten Jahre nicht ganz bei mir gewesen. Würde sehr gern die verlorenen Jahre aufholen, auch was uns beide betrifft. Ich habe eine Idee. Ein Test, eine letzte Partie. Ich, der brillante Lehrer, verehrt von allen hier zwischen diesen öden hellblauen Wänden, und du mein vielversprechender, doch unberechenbarer Schüler. Gilt es? . . . Gut.
Ich mache sehr bald den ersten Zug.
Windom Earle

Das Gestammel eines Wahnsinnigen oder etwas sehr Finsteres. Ich fürchte, da erhebt sich ein Wind, Diane, und niemand weiß, was er mit sich nehmen wird.

20. Februar, 3 Uhr

Kann nicht schlafen. Habe die ganze Nacht am Fenster gesessen und auf die Bucht von San Francisco geschaut. Diane, wenn ein Mensch dazu bestimmt ist, aus einem speziellen Grund zu einer besonderen Zeit zu leben, warum bin ich dann jetzt hier? Mit welchem geschichtlichen Moment soll mein Leben sich denn überschneiden? Oder ist er bereits vorbei, und ich habe nur nicht verstanden, daß es dieser Moment war?

Meine Mutter, Marie und Caroline, das sind Namen am Rand des Weges, den mein Leben nahm. Sie waren Wegzeichen. Aber wo ist das nächste, und welcher Name wird darauf stehen? Mein eigener? Windom Earles? Oder ein anderer? Diane, wie Groucho Marx einmal gesagt hat: »Harpo, du redest zuviel.«

Gute Nacht, Diane.

24. Februar, 6 Uhr

Im Staat Washington ist eine Leiche gefunden worden. Eine junge Frau, in Plastikfolie verpackt. Ich bin auf dem Weg in eine Kleinstadt namens Twin Peaks.

▲ TWIN PEAKS ▲

Das geheime Tagebuch der Laura Palmer

gesehen von Jennifer Lynch

Die Ermordung der jungen Laura Palmer, einer hübschen Musterschülerin, zerreißt plötzlich die spießbürgerliche Fassade der amerikanischen Kleinstadt TWIN PEAKS. Im Laufe seiner Untersuchungen um den rätselhaften Mord stößt der FBI-Agent Dale Cooper auf ein Netz von Korruption, Sex, Gewalt und Drogen.

Das ermordete Mädchen, Laura Palmer, personifiziert die Doppelmoral dieser Gesellschaft in übersteigerter Weise: Nach außen ist sie die brave Tochter und Klassenbeste. Unbemerkt führt sie aber ein ganz anderes Leben, das sie nur ihrem »geheimen« Tagebuch anvertraut hat . . .